ALCHIMIE

STANISLAS KLOSSOWSKI DE ROLA

ART+IMAGINATION

STANISLAS KLOSSOWSKI DE ROLA

ALCHIMIE

FLORILÈGE DE L'ART SECRET

augmenté de

LA FONTAINE DES AMOUREUX DE SCIENCE

par JEHAN DE LA FONTAINE (1413)

193 illustrations, dont 35 en couleurs

Éditions Dervy

Page 2 | Altus, *Mutus Liber*, 1677, f. 2. Collection privée.
Pages 4–5 | Barent Coenders van Helpen, *Escalier des sages, ou la philosophie des anciens*, 1689, f. 87. Collection privée.

ART+IMAGINATION

COORDINATION ÉDITORIALE : Jill Purce

L'édition originale de cet ouvrage a paru sous le titre *Alchemy* chez Thames & Hudson Ltd, Londres.

19, rue Saint-Séverin 75005 Paris
ISBN : 979-10-242-0003-3
contact@dervy.fr
www.dervy-medicis.com

CONCEPTION GRAPHIQUE : BARNBROOK

Traduit de l'anglais par Jean Brèthes

Cet ouvrage a été reproduit et achevé d'imprimer en juillet 2013 par l'imprimerie Toppan Leefung pour les Éditions Dervy.

Dépôt légal : 3e trimestre 2013

SOMMAIRE

INTRODUCTION

La plupart des dictionnaires et des encyclopédies modernes contribuent à renforcer l'opinion couramment répandue selon laquelle l'alchimie n'est qu'une science chimérique dont les « folles rêveries » ont pour but la transmutation du plomb en or. Tout en se gaussant de ces risibles ambitions médiévales, les savants auteurs concèdent toutefois à cette « science empirique » le titre d'ancêtre de la chimie. L'alchimie se passe d'autant plus volontiers de cette filiation qu'une telle désignation ne constitue au demeurant qu'une erreur supplémentaire, s'ajoutant à la trame tissée par l'ignorance et brodée par la stupidité d'un académisme aussi présomptueux que pédant. D'une manière paradoxale, cependant, nous pourrions admettre la souche alchimique de la chimie en définissant celle-ci comme « la science des effets substantiels » ; son auguste ancêtre serait alors très précisément « la science des causes essentielles ».

Cette antique et profonde science des causes essentielles a été longtemps et fort injustement exilée aux frontières de l'oubli et de l'incompréhension. Nous espérons donc, par ces quelques pages, contribuer à dissiper les préjugés qui l'entourent et à mettre en lumière certains aspects déterminants quant à la véritable nature de l'alchimie.

Nous avons cru également important de soumettre à la curiosité du néophyte ainsi qu'à l'érudition de l'amoureux de science un florilège d'images glanées dans les collections de quelques-unes des principales bibliothèques européennes. Ces images dont beaucoup n'ont jamais été reproduites ne constituent d'ailleurs qu'une infime partie du vaste trésor iconographique des alchimistes.

Nous tenons à saluer au passage les admirables travaux de recensement accomplis par l'historien d'art belge Jacques van Lennep, qui fut l'un de nos distingués prédécesseurs en « terre d'Hermès ». Son intéressante étude de l'iconographie hermétique et de ses influences, *Art et Alchimie* (Éditions Meddens, Bruxelles, 1966), est complétée par une somme considérable de notes et une judicieuse bibliographie dont nous lui fûmes grandement redevable. Nous nous empressons cependant d'ajouter que nous ne sommes ni historien ni historien d'art, et que nos recherches et nos travaux sont inspirés avant tout par le charme puissant qu'exerce depuis longtemps sur nous l'alchimie traditionnelle.

Nous nous sommes naturellement référé aux célèbres traités des Adeptes de tous les temps et nous avons consulté les ouvrages de Grillot de Givry, Claude d'Ygé, René Alleau et Eugène Canseliet. Il est enfin de notre devoir d'exprimer notre reconnaissante admiration pour l'œuvre magistrale du Grand Adepte contemporain Fulcanelli. Nous conseillons

→ Saturne vomit les enfants qu'il avait avalés au moment où, la putréfaction s'achevant, la « terre » recommence à paraître lavée par la « Rosée » et la «Pluie ».

vivement au lecteur qui s'intéresse à l'alchimie de lire le *Mystère des cathédrales* et surtout les *Demeures philosophales* (réédités en 1973 chez Jean-Jacques Pauvert) : il y trouvera un trésor d'érudition et d'hermétique sagesse.

... Et par ainsy puisque j'ay entreprins traitter la declaration, et vraye methode de cette Science (communement appellée Alchimie) je devais commencer par sa Definition, pour mieux déclarer la propriété des termes d'icelle. Mais je les renvoyeray volontiers aux Auteurs, qui nous ont précédé ; lesquels s'estans mis en devoir d'en bailler certaine definition ; ont esté contraints confesser, qu'il est impossible d'en donner ; comme témoignent les écrits de Morien, Lilium et plusieurs autres. À raison dequoy ils en ont assigné en leurs livres diverses et variables descriptions, par lesquelles ils montrent les effets de nostre science ; pour ce qu'elle n'a point des principes familiers, comme ont toutes les autres sciences. (Denys Zachaire, Opuscule.*)*

Si la fugace Alchimie répugne à se laisser aisément cerner et définir, c'est qu'elle est à la fois Science sacrée, Philosophie hermétique et Art secret ; et qu'elle détient toujours la clef des mystères de l'univers. Car, dissimulés aux détours obscurs de ses textes ésotériques, voilés par la subtilité de ses figures hiéroglyphiques, se trouvent les moyens de pénétrer jusqu'au cœur des secrets de la Nature, de la Vie, de la Mort, et de conquérir les arcanes de l'Absolu. « L'Alchimie n'est pas tant seulement un art ou science pour enseigner la transmutation métallique », nous assure Pierre-Jean Fabre[1], « mais une vraye et solide science qui enseigne de cognoistre le centre de toutes choses, qu'en langage divin l'on appelle l'Esprit de vie ».

À nouveau dans toute sa gloire, le Mercure des Philosophes. Cette image provient d'un manuscrit de la célèbre « Tourbe des Philosophes ».

← Le jugement de Pâris signifie la fin du Premier Œuvre par la fixation de la partie volatile ; la composition de la Pierre et celle de l'Elixir sont respectivement symbolisées par le siège et la prise de Troie.

Véritable dissolvant des métaux dont il est le père et la mort, Saturne, Plomb des Sages, est ici assis sur le dragon écailleux, le sujet initial de l'Œuvre.

← « Je suis celui qui fut le Lion vert et doré, en moi est enfermé tout le secret de l'art », proclame le phylactère. Le terme « Lion vert » est complexe car il a plusieurs usages ; il s'applique présentement au mercure qui, tel un lion, dévore tout. Ce mercure est dit vert, c'est-à-dire cru, pour le différencier du mercure cuit ou digéré. Selon Michel Maïer, le Lion est le minerai d'Hermès – *Aes Hermetis at est viridis Leo*. Dans tous les cas, il faut éviter l'erreur de certains commentateurs modernes qui confondent le Lion vert avec les eaux fortes ou régales de la chimie vulgaire.

Empressons-nous cependant de préciser que, si la transmutation des métaux n'est pas le but final du Grand Œuvre, il est néanmoins certain qu'elle y joue un rôle capital et absolument indispensable, dès lors que le Grand Œuvre est une réalisation à la fois spirituelle et matérielle. Le caractère simultané de ce double aspect a, malheureusement, été souvent négligé par les commentateurs. Certains auteurs, en effet, ont insisté principalement et presque exclusivement sur le caractère psychologique du symbolisme ; tandis que d'autres, au contraire, se sont évertués à recueillir preuves et témoignages historiques afin de prouver (ou de nier) la réalité des transmutations alchimiques.

Il est donc essentiel, pour éviter de se tromper, de constamment se rappeler les correspondances qui existent entre le visible et l'invisible, le haut et le bas, la matière et l'esprit. Il ne faut point négliger ni méconnaître les différentes analogies établies entre les planètes et les métaux.

Ses caractéristiques physiques font de l'or le soleil de la matière. L'or a toujours représenté pour les alchimistes le symbole de la sublime perfection à laquelle ils aspiraient en « aidant » les métaux imparfaits à atteindre l'état béni de l'inaltérable résurrection : «… Dieu avoit au comansemant crés toutes choses bonnes et parfaites, mais la chute de l'Homme introduisant avec elle les maladies et finalement la mort introduisit aussy la maladie et la mort des metaux, ces surquoy s'excuse issy la nature et les empechemant qu'elle met en avant sont les maladies des metaux imparfaicts, qui n'est autre chose qu'une humidité superflue aderante au mercure et un soufre combustible se tenant au soufre naturelle et inconbustible, ors tans que ces deux superfluités demeurent les metaux sont malade perise et murent finament[2]… » Plus loin l'auteur ajoute : « … Sy bien que cette crase causant l'imperfection des metaux empesche que la nature ne peu du premier coup en fair de l'or. »

La tradition hermétique considère que la Nature aidée par l'Art peut laver la tache obscure qui empêche la Matière de s'épanouir selon son parfait principe ou archétype parfait que toute chose possède dans l'Absolu. Ce n'est qu'en combattant pour la délivrer que l'alchimiste sera lui-même délivré de l'imparfaite condition humaine, sujette à la maladie, à la vieillesse et à la mort. « Il faut, écrit Hermès en son quatrième Traité, connoistre nostre divine et précieuse Pierre, laquelle crie incessament, deffends moy, et je t'aideray, rend moy mon droit et je te secouriray » (D. Zachaire, *Opuscule*). C'est à cette mutuelle interdépendance de l'homme et de la matière que nous faisions allusion plus haut. C'est elle qui rend capital tout le processus de la quête du Graal alchimique. Car le Grand Œuvre n'est autre, en définitive, que la restauration de l'État divin primordial et la rédemption universelle de tous les êtres et de toutes les choses. C'est ce sublime idéal qu'ont de tout temps poursuivi les vrais alchimistes qui, dédaignant richesses et honneurs, prenaient la route de Compostelle.

→ Ici « notre mercure » est débarrassé de ses impuretés extérieures.

Dès lors que la Voie est réservée à l'être d'exception, on peut aisément concevoir que son enseignement ne soit pas à la portée du premier venu. Il est donc pour le moins surprenant que des auteurs non initiés (quelle que fût leur érudition dans d'autres branches) se soient permis de porter un jugement de valeur sur l'alchimie, voire de la vilipender. Serait-il raisonnable de déclarer absurde un ouvrage de physique nucléaire lorsque l'on ne connaît ni les fondements ni les principes de cette science ? Serait-il tolérable de rejeter comme inepte une langue dont on ignore et la grammaire et la syntaxe ?

« L'obscurité philosophique » et « le silence mystérieux » des alchimistes répondent à des raisons précises qui, échappant aux hommes, les irritent : « Ils déclament et fulminent contre cette obscurité, et s'emportent à dire mille injures et à faire mille imprécations contre nous qui en sommes les auteurs : ils nous appellent fourbes, menteurs, ignorans et enfans de ténèbres. Ils disent que nous nous servons de cette obscurité, comme dun voile et d'un prétexte pour couvrir notre ignorance et notre imposture. Si nous avions écrit obscurément de notre science à dessein de l'enseigner clairement à tout le monde, il est certain que l'on auroit raison de nous faire ces reproches. Mais nous sommes bien éloignés de promettre un si grand éclaircissement de notre doctrine ; au contraire, nous disons et nous avertissons très sincèrement, que nous n'avons jamais eu l'intention d'écrire que pour les fils de la science seulement ; c'est-à-dire, pour ceux, qui par leur vertu, ont acquis la connoissance de notre premier Mercure ; et qu'à l'égard des autres, nous n'avons voulu ni n'avons dû écrire autrement, ni moins obscurément que nous avons fait. Quel sujet donc de nous blâmer de notre obscurité, puisqu'il n'y a que ceux qui ne nous entendent pas, qui nous blâment, et que ce n'est pas pour ceux qui ne nous peuvent entendre, que nous avons écrit.

[illegible]
de spu septiformis virtute / quo omnis implet septum / quod phi insinuant hiis verbis / Distilla semel septies / et separasti ab humiditate corrumpente /

De domo thaurinia qua sapia fundavit supra petram ·c· 10·

Sapiencia edificavit sibi domum / qua quis introierit salvabitur / et pastua inveniet teste propheta Inebriabuntur ab ubertate domus tue / quia melior est dies una in atriis eius / super milia / O quam beati qui habitant in domo hac / In ea namque qui petit accipit / et qui querit invenit / et pulsanti aperietur / Nam sapia stat ad

Hic autem patet id quod latet / omnibus hiis futuris

Pourroit-on, avec justice, trouver à redire qu'un homme qui, par la bénédiction que Dieu auroit donnée à son industrie et à son travail, ayant légitimement amassé de très-grandes richesses, qu'il tiendroit soigneusement cachées, laissât toutes ces richesses à ses enfans seulement, qui auroient seuls la connoissance du lieu où il les auroit mises, et qui sauroit qu'ils en feroient bon usage ? Pourroit-on, dis-je, blâmer cet homme, de laisser par son testament ce trésor à ses enfans, à l'exclusion de tous les autres hommes ?[3] »

Cette forme ésotérique de transmission répondait à plusieurs impératifs précis. Il y avait d'abord le souci de préserver l'antique sagesse traditionnelle des inévitables altérations subies par les doctrines exotériques. En second lieu l'absolue nécessité d'empêcher que la connaissance de forces formidables ne tombât entre les mains de personnes suspectes. Un alchimiste chinois, Fo-Hi, remarque à ce propos que l'on doit s'assurer avant de travailler que les secrets de l'Œuvre restent inaccessibles aux soldats ; même les mouches, ajoute-t-il, doivent être chassées du laboratoire. Enfin, puisque la soif de l'or suscitait les plus grandes convoitises, le devoir d'en interdire le secret incombait à ceux qui en avaient la garde. L'auteur anonyme du *Grand Œuvre dévoilé* s'écrie : « Ce seroit absolument détruire la société qui est établie parmi les hommes, par les lois divines et humaines ; et ce seroit renverser tous les états, que de rendre si commun l'or qui les entretient, et les fait subsister par son commerce. En effet, une abondance si grande et si générale feroit tous les hommes également riches ou plutôt elle les rendroit tous également pauvres. » Et l'auteur fait ensuite la description étrangement prophétique d'une société plongée dans le chaos par sa propre abondance.

L'ésotérisme de l'enseignement alchimique constitue également une véritable épreuve – une préparation à l'initiation – pour l'étudiant courageux. Les textes s'émaillent d'une multitude de termes sans rapport en apparence les uns avec les autres, que l'étude révèle cependant n'être jamais gratuits. La langue secrète dont se sont servis les auteurs est fondée sur la cabale phonétique, dite langue des Oiseaux. « La langue des Oiseaux est un idiome phonétique basé uniquement sur l'assonance. On n'y tient donc aucun compte de l'orthographe, dont la rigueur même sert de frein aux esprits curieux et rend inacceptable toute spéculation réalisée en dehors des règles de la grammaire. « Je ne m'attache qu'aux choses utiles, dit, au VIe siècle, saint Grégoire, dans une lettre qui sert de préface à ses *Morales*, sans m'occuper ni du style, ni du régime des prépositions, ni des désinences, parce qu'il n'est pas digne d'un chrétien d'assujettir les paroles de l'Écriture aux règles de la grammaire. » Cela signifie que le sens des livres sacrés

← Dame Alchimie et son consort, entourés des symboles de l'Art, sont admirés par les agents de l'Œuvre. L'ensemble des symboles et des couleurs fait de cette image une véritable synthèse de toute l'alchimie. Au bas de l'image, à gauche, on reconnaît Iris dont les couleurs succèdent au Noir ; sa main gauche dispense les écus d'argent, car la blancheur succède à la queue de paon. Finalement sur le corps albifié et purifié de Vénus surgissent les roses rouges de la fixation.

Les Philosophes vénèrent leur mercure, quelques-uns lui offrent de l'or, ce que tous ne font pas.

← L'androgyne représente l'union indissoluble des principes opposés de l'Œuvre. La volatilisation du fixe (*solve*) est soulignée par l'aigle aux ailes déployées, tandis que la fixation du volatil (*coagula*) est représentée par l'amas d'oiseaux piétinés.

n'est point littéral, et qu'il est indispensable d'en savoir retrouver l'esprit par l'interprétation cabalistique, ainsi qu'on a coutume de le faire sans comprendre les ouvrages alchimiques. Les rares auteurs qui ont parlé de la langue des Oiseaux lui attribuent la première place à l'origine des langues. Son antiquité remonterait à Adam, qui l'aurait utilisée pour imposer, selon l'ordre de Dieu, les noms convenables, propres à définir les caractéristiques des êtres et des choses créés[4]. »

Si la lecture des textes alchimiques n'est guère aisée, leur exégèse demande des années d'études comparatives, sans parler d'une sérieuse connaissance des subtilités latines et grecques. Le pèlerin qui contemple les beaux entrelacs du portail et rêve à l'accès interdit du jardin des philosophes peut néanmoins y pénétrer en suivant la voie magique des images qui éclaireront l'obscurité des mots[5]. Cet art, dont le moindre détail a une signification précise, exerce sur le spectateur une fascination profonde qui ne dépend pas de la compréhension qu'on en peut avoir. Il suffit de « contempler » les images alchimiques pour percevoir qu'elles correspondent à une dimension éternelle que nous sommes tous à même de découvrir au tréfonds de notre être.

L'habile déguisement revêtu par la philosophie hermétique a toujours induit le profane en erreur, particulièrement si celui-ci se risque à une interprétation littérale de recettes ésotériques. Ce fut le cas d'une foule de gens hallucinés par le mirage de l'or. Ce fut, notamment, le cas de gens que les véritables artistes qualifiaient dédaigneusement de « souffleurs ». Ignorant les principes de l'Art, travaillant avec frénésie et d'une manière totalement fantaisiste sur des matières hétéroclites, impropres à l'Œuvre, ils se ruinèrent, ruinèrent les crédules trop confiants qui les commanditaient et de surcroît perdirent quelquefois la vie[6] dans l'explosion de leur laboratoire. Ils jetèrent honte et discrédit sur l'alchimie.

Je me ris donc de ceux dont l'esperance fiere
Pense enfanter cet œuvre ignorant la matiere :
Car qui ne sait l'entrée au bout n'arrivera,
Et qui ne scait qu'il quiert ne sait qu'il trouvera
Je me ry bien de ceux qui laissants la prochaine
Veulent réduire l'or en matiere lointaine :
Comme si l'animal, engendrant, ne donnoit
Le sperme, sa matière, ains poudre retournoit.
Mais je veux que par eux l'or se soit veu détruire
(Si l'art le peut défaire aussi bien que construire :
Veu qu'il souffre indomté ; la froideur et l'ardeur)
Quels refaiseurs si grands referons la grandeur ?
Je me ry de tous ceux qui cherchent la teinture
De l'or et de l'argent, en étranges natures,
En yeux de mainte beste, en herbes, en cheveux,
En serpens, scorpions, vers et coques des œufs,
Par le sang, les crapauts, la fiente, ou l'urine.
Ils veulent, aveuglés par la laide noirceur
De l'encre et du charbon former une blancheur :
Ils amusent le monde, et s'abusent encore
Ils deshonorent l'art, et l'art les déshonore :
Mais s'ils sement l'ordure, ils la moissoneront
Car les choses, sans plus, donnent ce qu'elles ont[7].

→ En « ouvrant » le corps (minéral) par le « feu » on permettra que puisse fleurir l'Arbre des Sages. C'est là le secret de la mort ou dissolution.

Qui quęrunt in mercurii secreta phorum expensi[illegible]

q3 laborum / est ~~autem~~ in mercurio quid quod [illegible]

Corpus, ab hoc, anima, spiritus, tintura trahuntur

Nullus mercurius sumatur quam mineralis

Le signe astrologique du Bélier correspond au nom caché de la Matière première ou sujet de l'Œuvre. Le loup gris dévorant Mercure indique qu'une purification du sujet semblable à celle de l'or par l'antimoine doit avoir lieu.

« Il y a, écrit Salmon[8], une autre sorte de gens qui s'appliquent à la Chymie, et qui ayant quelque estude et quelque connoissance, cherchent la Pierre Philosophale par divers essais et par plusieurs expériences qu'ils font. Et quoy qu'ils n'y puissent jamais réussir, ne travaillant pas sur la véritable Matiere, ou n'y travaillant pas de la maniere qu'il faut : ils ne sont pas blâmables d'avoir cette curiosité ; pourvû qu'ils ne fassent tort à personne, et qu'ils ne se ruinent pas à cette recherche. Ce sont ceux qui cherchans une chose qu'ils ne peuvent pas trouver, parce qu'ils la cherchent où elle n'est pas, et ne la cherchent pas de la maniere qu'il la faut chercher : ne laissent pas de faire de belles découvertes, et d'avoir trouvé par leurs opérations le moyen de reduire les corps mixtes en leurs principes Sel, Soufre et Mercure, dont on en a fait d'excellents remedes plus efficaces et moins dégoutans que les ordinaires. C'est de cette recherche et de leur travail qu'est venue la Poudre à canon, qui est le Tonnerre des Souverains, et qui comme la Foudre a fait des effets

Une triple sublimation (par le feu secret) « réduit » le sujet des Sages à son principe radical.

si prodigieux. C'est de là que sont venuës les Eaux distillées, et les Eaux fortes, le Verre de Cendre, de Fougere et des Pierres, l'invention de faire le Verre rouge en dedans comme en dehors, dont on voit encore quelques restes aux vîtres des anciennes Églises, et qui est presentement perduë : la maniere d'affermir les Characteres de l'Imprimerie par le mélange du Régule d'Antimoine. L'Estain d'Antimoine, et tant d'autres choses qui sont d'une grande utilité pour la guerison des maladies, et pour la perfection des Arts. C'est de là enfin qu'est sortie cette autre branche de la Chymie, qui ne laisse pas de rapporter du fruit : quoy que beaucoup moins précieux, et d'une espece toute différente. »

Toute l'erreur concernant la filiation alchimique de la chimie tient à ce que l'on a pris la mauvaise habitude de confondre les charlatans, les spagyristes et les archimistes[9] avec les alchimistes. Ce sont les premiers et non les derniers qui furent les pionniers et les ancêtres de la chimie moderne.

« Mais l'alchimie nous le répétons, n'entre pour rien dans ces apports successifs. Seuls les écrits hermétiques, incompris d'investigateurs profanes, furent la cause indirecte de découvertes que leurs auteurs n'avaient jamais prévues. C'est ainsi que Blaise de Vigenère obtint l'acide benzoïque par sublimation du benjoin ; que Brandt put extraire le phosphore en recherchant l'alkaest dans l'urine ; que Basile Valentin – prestigieux Adepte qui ne méprisait point les essais spagyriques – établit toute la série des sels antimoniaux et réalisa le colloïde d'or rubis ; que Raymond Lulle prépara l'acétone et Cassius le pourpre d'or ; que Glauber obtint le sulfate sodique et que Van Helmont reconnut l'existence des gaz. Mais à l'exception de Lulle et de Basile Valentin tous ces chercheurs, classés à tort parmi les alchimistes, ne furent que de simples archimistes ou de savants spagyristes[10]. » Le Cosmopolite, cité ensuite par Fulcanelli, écrit : « Si Hermès, le Père des Philosophes, ressuscitait aujourd'hui avec le subtil Geber, le profond Raymond Lulle, ils ne seroient pas regardés comme des Philosophes par nos chymistes vulgaires qui ne dédaigneroient presque pas les mettre au nombre de leurs disciples, parce qu'ils ignoreroient la manière de s'y prendre pour procéder à toutes ces distillations, ces circulations, ces calcinations, et toutes ces opérations innombrables que nos chymistes vulgaires ont inventées, pour avoir mal entendu les écrits allégoriques de ces Philosophes[11]. »

← L'Œuf philosophique est ici confié à Vulcain afin que celui-ci le tienne au chaud et qu'ainsi en naisse le Poulet hermétique.

La conjonction des Natures est suivie de la séparation des Éléments ou Ténèbres. La terre devient eau (mercure). L'eau devient vapeur (feu) et c'est ce « feu » qui en retombant sur la terre blanchit le laiton.

Il nous reste à écouter la voix autorisée de Pernety : « L'Alchymie est tombée dans le mépris depuis que grand nombre de mauvais Artistes en ont imposé aux gens trop crédules et ignorans, par leurs supercheries. L'or est l'objet de l'ambition des hommes ; les dangers auxquels l'on est obligé de s'exposer sur mer et sur terre, pour se procurer ce précieux métal, ne rebutent que peu de gens. Un homme se présente ; il sait, dit-il, le moyen de faire croître dans votre propre maison la manière de tous les trésors, sans d'autres risques que celui d'une partie de ceux que vous possédez. Sur son verbiage dont on ne connaît pas le faux, parce qu'on ignore le procédé de la Nature, on se laisse gagner, on seme son or, et l'on ne recueille que de la fumée ; on se ruine, on finit enfin par détester l'imposteur, et douter de la vérité de l'existence de l'Alchymie, parce qu'on n'est pas parvenu au but qu'elle se propose en prenant un chemin opposé à celui qui y conduit[12]. »

← À la noirceur du corbeau succèdent les couleurs des queues de paon dont la robe d'Iris, messagère de Junon, est parée. Cet événement est provoqué par la sublimation de la partie volatile de la matière restée au fond du vase. Iris est la petite-fille de Pontus et de la Terre, c'est-à-dire respectivement de l'eau mercurielle et de la terre philosophique.

Vulcain (le feu secret) incite les oiseaux au vol c'est-à-dire à sept sublimations répétées. La poule couve, ce qui indique le degré du feu, afin que Mercure devienne Hermaphrodite (double).

« Il est peu d'Artistes vrais Alchymistes, poursuit Pernety, il en est beaucoup qui travaillent selon les principes de la Chymie vulgaire. Ces derniers puisent dans leur art des sophistications sans nombre ; c'est lui qui fournit tous ces imposteurs qui, après s'être ruinés, cherchent à ruiner les autres. C'est lui que l'on devrait mépriser par ces raisons, si l'on n'en avait de plus fortes de l'estimer, par le grand nombre de ses découvertes utiles à la société. Les vrais Alchymistes ne font point trophée de leur science ; ils ne cherchent pas à escroquer l'argent d'autrui, parce que, comme disait Morien au Roi Calid, celui qui possède tout n'a besoin de rien. Ils font part de leurs biens à ceux qui en manquent. Ils ne vendent point leur secret ; s'ils en communiquent la connaissance à quelques amis, ce n'est encore qu'à ceux qu'ils croient dignes de le posséder et d'en faire usage selon le bon plaisir de Dieu. Ils connaissent la Nature et ses opérations, et se servent de ces connaissances pour parvenir comme dit saint Paul, à celle du

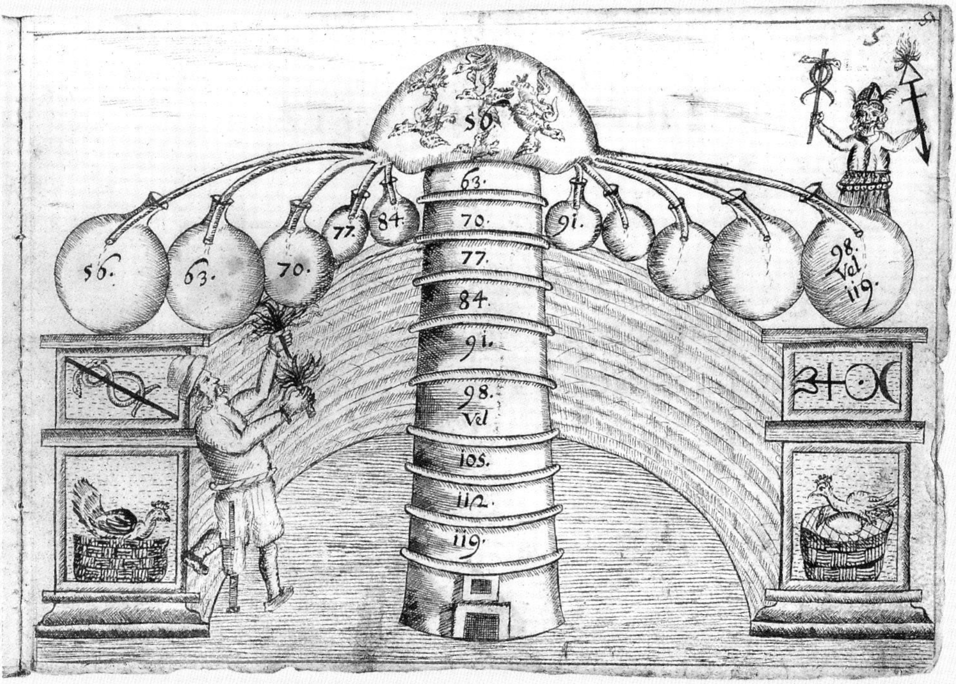

Créateur. Qu'on lise les ouvrages d'Hermès Trismégiste, leur chef, ceux de Geber, de Morien, de Saint Raymond Lulle, du Cosmopolite, de d'Espagnet, et de tant d'autres Philosophes Alchymistes. Il n'en est pas un seul qui ne prêche sans cesse l'amour de Dieu et du prochain, qui ne déclame contre les faux Alchymistes, et qui ne publie hautement que les procédés de la vraie Chymie ou Alchymie sont les mêmes que ceux que la Nature emploie, quoique abrégés par le secours de l'Art ; mais absolument différens de ceux qui sont en usage dans la Chymie vulgaire. Qu'on ne se flatte donc pas d'y parvenir par son moyen ; et qu'elle serve de pierre de touche à ceux qui seraient exposés à être trompés par des charlatans et des imposteurs.

« Le type ou modèle de l'art Alchymique ou Hermétique, n'est autre que la Nature elle-même. L'Art plus puissant que la Nature, par les mêmes voies qu'elle lui marque, dégage en certains cas plus parfaitement les vertus naturelles des corps des prisons où elles étaient renfermées ; il amplifie leur sphere d'activité, et rassemble les principes qui les vivifient[13]. »

« Notre mercure » tue le Roi c'est-à-dire que le fixe est rendu volatil, tandis que Cadmus transperce le serpent en le clouant au chêne : le volatil est rendu fixe.

→ La Rose blanche est la blancheur qu'on obtient après avoir fait le travail des femmes, à la fin du second Œuvre.

Dealbate latone . et rūpite libros Arnold9
ne corda vra corrūpat . q2 res nīa levis est
et leui indiget subsidio Cum dealbauit me . Me
faciet me rubeu ⁊ albu et rubeu ex una radice p
cedunt Quod fit in albo . fit in rubeo Arnoldus
Hitur fili phice opaxis et dealbas . et tinnu
In ipso ope transcendis Beatus eris Hoc si su
bito videris . admiratio timor et terror tibi eveniet
Coque terre reitera et ne tedeat te Speculu
Reiterare . quamus totu op9 sit longiquu . q2
p longa decoctione fit Speculum

« Je vous avouë sincerement que la pratique de nostre art est la plus difficile chose du monde, non par rapport à ses operations mais à l'égard des difficultés qu'il y a de l'apprendre distinctement dans les livres des Philosophes : car si d'un côté elle est appellée avec raison, un jeu d'enfans ; de l'autre elle requiert en ceux, qui en cherchent la vérité par leur travail et leur estude, une connaissance profonde des Principes, et des operations de la nature dans les trois genres ; mais particulierement dans le genre mineral et metallique. C'est un grand point de trouver la veritable matiere, qui est le sujet de nostre œuvre ; il faut percer pour cela mille voiles obscurs, dont elle a esté envelopée ; il faut la distinguer par son propre nom, entre un million de noms extra-ordinaires, dont les Philosophes l'ont diversement exprimée ; il en faut comprendre toutes les propriétés, et juger de tous les degrés de perfection, que l'art est capable de lui donner ; il faut connoître le feu secret des sages qui est le seul agent qui peut ouvrir, sublimer, purifier et disposer la matiere à estre reduite en eau ; il faut penetrer pour cela jusques à la source divine de l'eau celeste, qui opere la Solution, l'animation, et purification de la pierre ;

Après une triple rotation de la roue de l'Œuvre et une fermentation et une nutrition réitérées, la Nature de l'Élixir, Fils du Soleil, né de l'Œuf des Philosophes, est fixée par un triple clou.

→ Les Rois de la terre adorent le Parfait Roi Rouge, ou Soufre des Philosophes, Étincelant Seigneur des Trois Règnes.

→ Une fois multiplié en quantité et en qualité, l'Élixir démontre ses vertus en transmutant les planètes terrestres, c'est-à-dire les métaux. La multiplication est réalisée lorsque l'on a réitéré les opérations en se servant comme sujet de la Matière Exaltée.

12
3

13 13

il faut sçavoir convertir nostre eau metallique en huile incombustible par l'entiere solution du corps, d'où elle tire son origine, et pour cet effet il faut faire la conversion des elements, la separation, et la reunion des trois principes ; il faut apprendre comment on doit en faire un Mercure blanc, et un Mercure citrin ; il faut fixer ce Mercure, le nourrir de son propre sang, afin qu'il se convertisse en soufre fixe des Philosophes. Voilà quels sont les points fondamentaux de nôtre art ; le reste de l'œuvre se trouve assés clairement enseigné dans les livres des Philosophes, pour n'avoir pas besoin d'une plus ample explication[14]. »
(Limojon de Saint Didier).

Nonobstant la difficulté de la pratique de l'art, celle d'en discourir dans le cadre étroit de cet ouvrage tient de l'impossible. Nous nous obligerons donc à ne donner qu'un résumé de l'ensemble de la pratique, en insistant sur les points essentiels.

La Quête de la Matière première, véritable sujet des sages, qu'ils n'ont jamais ouvertement révélé, doit être le premier objectif du chercheur, car son identification est absolument essentielle avant tout embarquement pour la Colchide. « Son nom traditionnel, *pierre des philosophes*, écrit Fulcanelli, dépeint assez ce corps pour servir de base utile à son identification. Il est, en effet, véritablement pierre parce qu'il présente, au sortir de la mine, les caractères extérieurs communs à tous les minerais. C'est le *chaos des sages*, dans lequel les quatre éléments sont enfermés, mais confus et désordonnés. » Pour sa part, Datin assurait que « celuy qui pour faire le Magistere cherchera quelque autre chose que cette Pierre, fera comme un homme qui voudroit monter à une échelle sans échelons ; ce que ne pouvant faire, il tombe la teste la premiere en bas ».

Ces images illustrant le fabuleux récit allégorique des *Noces* de Constantio Sforza, seigneur de Pesaro, et de Cammilla de Aragonia, nièce du Roi Ferdinand, roi d'Aragon et de Sicile. Le jeune Éthiopien sur le chameau représente la noirceur – *Nigredo* – dispensant la blancheur que suivra la rougeur (encore invisible dans l'autre panier) qu'annoncent les rênes du chameau et la doublure du vêtement du chamelier. Ce dernier tient fermement dans sa main droite la lance, symbole du feu secret des Sages.

→ « Aidez, dit le texte, ce vieillard qui vous demandera de la terre près de cet endroit. Faites-le travailler pour vous. » Le vieillard déclare s'appeler Booz et venir de Bethleem en Judée. Le principe des métaux, souvent appelé le vieillard des Philosophes, est donc ici subtilement comparé au biblique Booz. Celui-ci en épousant Ruth la Moabite devint l'ancêtre du roi David et, par conséquent, celui du Christ, c'est-à-dire, selon le sens alchimique, de la Perfection de la Pierre.

MONTE·DELLI·EBREI

C'est, lisons-nous dans grand nombre de textes, une pierre vile, noire, puante et méprisée des hommes, car, explique encore Fulcanelli, « cette substance primaire a vu son évolution interrompue par interposition et pénétration d'un soufre infect et combustible, qui en empâte le pur mercure, le retient et le coagule. Et, bien qu'il soit entièrement volatil, ce *mercure primitif*, corporifié sous l'action siccative du soufre arsenical, prend l'aspect d'une masse solide, noire, dense, fibreuse, cassante, friable, que son peu d'utilité rend vile, abjecte et méprisable aux yeux des hommes ».

Tranché le nœud gordien que constitue l'énigme de cette Matière, que les Philosophes ont affublée de tant d'appellations diverses jusqu'à la nommer parmi les substances impropres à l'Œuvre, il convient de se rendre à la mine pour en prendre possession. Or cette prise de possession ne peut s'effectuer à la légère, et il sera nécessaire d'établir un horoscope afin de déterminer le moment le plus favorable. Le début de l'Œuvre se situe toujours au printemps sous les signes du Bélier[15], du Taureau et des Gémeaux. Une fois le minerai obtenu, la première préparation consiste à le débarrasser du « soufre puant » qui le dénature ; c'est-à-dire : « ... débarrasser le sulfure de sa gangue fréquemment siliceuse qui l'encombre et le dénature. Le moyen est très simple, qui est bien connu des métallurgistes et qui ne réclame que l'ingéniosité, la patience et l'effort. Il suffit de répéter en petit ce qui se fait en grand à l'usine de fonderie[16] ».

Le second secret caché, « le grand mistere de l'art », est celui du feu secret, dit feu naturel, décrit comme étant un feu qui brûle sans flammes, une eau sèche qui ne mouille pas les mains. Ce « sujet de toutes merveilles » est un « Sel » sans lequel « les esprits ne peuvent penetrer, ny se joindre radicalement avec les corps[17] ». Ces corps « n'entreront en la racine l'un de l'autre, ny ne demeureront jamais ensemble sans le moien de ce feu approprié, sel armoniac ou eau seche. Que pensent donc faire nos pauvres alchymistes avec tant de fourneaux, et de feux fantastiquement gradués, sinon eclore leurs œufs au vent, et faire une infinité de folles depenses ? Il leur faudroit pour bien emploier leur feu artificiel un œuf informé par le sperme d'un cocq et ce feu secret et non commun comme dit notre poëte. Aussi, bien que nous l'ayions apellé eau, il n'est pas pourtant eau commune, a savoir mercure vulgaire, ainsi, comme dit Geber et Aristote une eau seiche, laquelle comme dit Hermes, se tire d'une vilaine et puante matiere menstruale et se trouve, dit Danthyn, dans les vieux étables, cloaques et garderobes, Morien en dit, notre eau croît dans les monts et vallées. Dont ces fols

← Les amants royaux, Soleil et Lune, Soufre et Mercure, fixe et volatil, sont également frère et sœur ainsi que le souligne l'auteur anonyme de la *Visio Arislei* qui souvent sert de légende à cette illustration : « *Coniunge ergo filium tuum Gabricum dilectiorem tibi in omnibus filiis tuis cum sua sorore Beya.* »

alchymistes croient que c'est le mercure, mais ils se trompent car c'est une eau seche donnant ingrez, amassant tous les esprits minéraux, et quand elle a fait quelque conjonction, soit vivifiant un corps par voye physique, ou assemblant en la projection le mercure congelé, avec la teinture, elle s'en va les laissant fixés ensemble. Ce feu ou eau seche se trouve en toute chose composée des Elemens : et si cela n'étoit notre science ne seroit pas, parce qu'on a affaire de ce feu, tant es œuvres vegetaux et animaux que mineraux[18]. »

→ Cerbère, gardien des Enfers, correspond au triple fourneau des alchimistes. Selon la légende, il vomissait du feu, mais il s'agit bien entendu du feu secret des Sages. Ses huit victimes sont les huit degrés du feu qu'il faut savoir parfaitement graduer. Au bas de l'image, dépouillé, c'est-à-dire purifié et débarrassé de ses impuretés, le sujet est préparé afin d'être cuit dans l'Œuf.

Bien qu'il travaillât sur la vraie matière, Pontanus admet avoir, par ignorance de ce feu, erré plus de deux cents fois. Limojon de Saint Didier témoigne lui aussi des sérieuses conséquences provoquées par l'ignorance de cet agent capital. « Je vous plaindrois beaucoup, écrit-il, si, comme moy, après avoir connu la véritable matiere, vous passiés quinze années entierement dans le travail, dans l'estude, et dans la méditation, sans pouvoir extraire de la pierre, le suc précieux, qu'elle renferme dans son sein, faute de connoistre le feu secret des sages, qui fait couler de cette plante seiche et aride en apparence, une eau qui ne mouille pas les mains, et qui par l'union magique de l'eau seiche de la mer des sages, se resout en une eau visqueuse, en une liqueur mercurielle, qui est le principe, le fondement, et la clef de notre art : convertissés, séparés, et purifiés les éléments, comme je vous l'ay enseigné, et vous possederés le veritable Mercure des Philosophes, qui vous donnera le soufre fixe, et la medecine universelle[19]. »

Le même auteur, par la bouche d'Eudoxe et celle de son disciple Pyrophile, nous en apprend davantage.

« Eudoxe. – … Considerez seulement avec application, que ce feu naturel est neanmoins une artificieuse invention de l'artiste ; qu'il est propre à calciner, dissoudre, et sublimer la Pierre des Philosophes ; et qu'il n'y a que cette seule sorte de feu au monde, capable de produire un pareil effet. Considerez que ce feu est de la nature de la chaux et qu'il n'est en aucune maniere estranger à l'egard du sujet de la Philosophie. Considerez enfin par quels moyens Geber enseigne de faire les sublimations requises à cet art : pour moy je ne puis faire davantage, que de faire pour vous le même souhait, qu'a fait un autre Philosophe : *sydera veneris, et corniculae dianae tibi propitia sint* (que les astres de Venus et Diane cornue te soient propices).

« Pyrophile. – J'aurois bien voulu, que vous m'eussiés parlé plus intelligiblement : mais puis qu'il y a de certaines bornes que les Philosophes ne peuvent passer ; je me contente de ce que vous venez de me faire remarquer ; je reliray Artephius avec plus d'application, que je n'ay encore fait ; et je me souviendray fort bien que vous m'avez dit que le feu secret des sages est un feu, que l'artiste prepare selon l'art ou du moins,

Ymago Cupiditatis Sic depingitur

Ymago auaricie sic depingitur

VENVS

SOL

qu'il peut faire preparer par ceux qui ont une parfaite connoissance de la chimie ; que ce feu n'est pas actuellement chaud ; mais qu'il est un esprit igné introduit dans un sujet d'une mesme nature que la pierre, et qu'estant mediocrement excité par le feu extérieur, la calcine, la dissout, la sublime et la resout en eau seiche, ainsi que le dit le Cosmopolite[20]. »

« Sans lui, sans ce feu caché sous une forme saline, la matière préparée ne pourrait être évertuée ni remplir ses fonctions de mère, et notre labeur demeurerait à jamais chimérique et vain. Toute génération demande l'aide d'un agent propre, déterminé au règne dans lequel la nature l'a placé. Et toute chose porte semence. Les animaux naissent d'un œuf ou d'un ovule fécondé ; les végétaux proviennent d'une graine rendue prolifique ; de même, les minéraux et les métaux ont pour semence une liqueur métallique fertilisée par le feu minéral. Celui-ci est donc l'agent actif introduit par l'art dans la semence minérale, et c'est lui, nous dit Philalèthe, « qui fait le premier tourner l'essieu et mouvoir la roue ». Par là, il est facile de comprendre de quelle utilité est cette lumière métallique, invisible, mystérieuse, et avec quel soin nous devons chercher à la connaître, à la distinguer par ses qualités spécifiques, essentielles et occultes[21]. »

← Vénus est bien ici cette vierge ailée à laquelle le Président d'Espagnet fait allusion (canon 58 de l'Œuvre secret de la Philosophie d'Hermès) lorsqu'il dit : « Prenez une vierge ailée, très bien lavée et purifiée, animée de la semence spirituelle du premier mâle, et quoique imprégnée, néanmoins vierge ; vous la connaîtrez à ses joues vermeilles ; joignez-la à un second mâle sans crainte d'adultère ; elle concevra de nouveau par la semence corporelle du second et mettra enfin au monde un enfant Hermaphrodite, qui sera la souche d'une race immortelle de Rois très puissants. »
L'Œuvre hermétique culmine en une conjonction Soleil-Lune dans le signe du Lion. Le soleil, ici, ne représente pas l'or vulgaire mais le Parfait Roi Rouge, c'est-à-dire le Soufre des Philosophes.

Toutes ces attributions, nous le voyons, désignent cet agent, ce « feu », ce « sel », comme le véritable dissolvant universel de l'Œuvre, clef, c'est-à-dire solution, du premier travail alchimique d'Hercule : le nettoyage des écuries d'Augias. « Ceux qui sont instruits des qualités du sujet savent, écrit Fulcanelli, que le dissolvant universel est un véritable minéral d'aspect sec et fibreux, de consistance solide, dure, de texture cristalline. » Et il ajoute cette intéressante précision : « Si le métal, selon l'enseignement philosophique et la doctrine traditionnelle, doit tout d'abord être dissous, on ne le devra faire qu'à l'aide d'un solvant métallique, qui lui sera approprié et très voisin par la nature. Les semblables seuls agissent sur leurs semblables. Or, le meilleur agent, extrait de notre Magnésie ou sujet, prend l'aspect d'un corps métallique, chargé d'esprits metalliques, bien qu'à proprement parler il ne soit pas un métal. »

On pourrait ainsi multiplier les citations afin de prouver que, d'une manière ou d'une autre, tous les philosophes sont d'accord. Si nous insistons sur le début de l'Œuvre, c'est que celui-ci est fort obscur. Lorsque les artistes parlent de la première opération ou première préparation du mercure, jouant sur la pluralité des sens du mot mercure, ils ne traitent que d'une manière déguisée de la confection du mercure philosophique, ils omettent complètement les susdits débuts et la préparation du mercure commun. Ainsi, par leur faute, le néophyte s'enfonce dans un labyrinthe où, à chaque pas, s'ouvre un gouffre...

À ce point du sujet, il importe de signaler les étonnantes révélations que fait Eugène Canseliet dans son dernier ouvrage ; elles concernent à la fois la matière première et la nature du feu secret. De son côté, Jacques Sadoul, dans un livre fort intéressant, prétend révéler l'une et l'autre. S'il ne parvient pas à convaincre complètement son lecteur, c'est surtout parce qu'il n'est point philosophe par le feu et que seule la pratique peut, dans ce domaine réservé, étayer les théories les plus intelligentes. Néanmoins, malgré ces réserves, nous reconnaissons volontiers les mérites de cette franchise, car elle encourage une profitable investigation dont les bénéfices s'obtiennent, toute idée de « résultats » mise à part, grâce au cheminement. Le fait que nous n'ayons pas nous-même commencé à interroger la nature nous interdit de nous prononcer avec la nécessaire autorité, car nous tenons en ce domaine les opinions personnelles en horreur[22]. Toutefois, nous indiquerons rapidement une ou deux choses qui ne sont pas indignes d'attention.

Tout d'abord, il sera utile que l'investigateur, amoureux de science, se familiarise avec l'ancien sigle spagyrique de la terre qui était aussi celui de la stibine ou sulfure naturel d'antimoine (Sb2 S3). Si l'antimoine vulgaire n'est pas la matière première, il est certain que l'on ne doit pas négliger de lire les textes qui le concernent et d'en bien méditer la signification.

D'autre part, Canseliet mentionne ouvertement, et à plusieurs reprises, le sel blanc que l'Artiste extrait du tartre des tonneaux. Parlant de la paroi de protection organique qui compose la coquille de l'« œuf » de la voie sèche, il ajoute : « Il convient, en effet, que sa crème de tartre contienne encore et suffisamment le carbonate de calcium indispensable à la coquille[23]. » Or, c'est l'acide dextro-tartarique que l'on trouve dans diverses variétés de fruits et tout particulièrement dans les raisins[24] où il se présente sous forme de bitartrate de potassium, vulgairement appelé argol ($K H C_4 H_4 O_6$). Cet argol, dépôt insoluble à l'alcool, se forme pendant la fermentation des vins et adhère aux parois des tonneaux. On obtient la crème de tartre en purifiant ce tartre cru par la recristallisation.

Que le chercheur se donne la peine d'étudier la figure illustrant la douzième clef du célèbre ouvrage de Basile Valentin[25] ; il y verra au premier plan le feu sortir d'un tonneau. Cette image, particulièrement « lumineuse », vaut la peine que chacun en tire ses propres conclusions. Nous signalerons aussi, à toutes fins utiles, la curieuse parenté du tartre et de l'antimoine par la particularité chimique suivante : si l'on dissout du trioxyde

→ Ouroboros, le serpent qui se mord la queue, est l'emblème éloquent de l'Unité fondamentale, éternelle et infinie, de l'Univers et de la Matière. La création part de Dieu pour revenir à Dieu, s'engendrant et se consommant elle-même en un éternel périple sacré. Ce symbole illustre bien l'axiome grec EN TO PAN « Tout est un », « Tout est dans tout », qui souvent l'accompagne.

Τοῦτο ἐστὶν τὸ μυστήριον· ὁ οὐροβόρος δράκων αὐτοῦ, τουτέστιν ἡ λάβωσις τῶν σωμάτων τῆς ἐργασίας αὐτοῦ :–

Τὸ δὲ αὐγ... τέχνης. Τὸ δὲ ... τοῦ τε... Οἱ δὲ ... ἡ τε... τοῦ ... σῶμα ... ματ... Τὰ δὲ ... ἐστιν αὐτοῦ τουτέστιν τό ... ὕδωρ τὸ θεῖον αὐτοῦ ... θάλασσα καὶ ἰὸς

Δράκων τις παράκειται φυλάττων τὸν ναὸν τοῦτον
τὸν χειρωσάμενον· πρῶτον θῦσον καὶ ἀπόδερμά
τωσον, καὶ λαβὼν τὰς σάρκας αὐτοῦ ἕως τῶν ὀστέων,
πρὸς τὸ στόμιον τοῦ ναοῦ ποίησον αὐτὸ βάσεις
καὶ ἀνάβηθι καὶ εὑρήσεις ἐκεῖ τὸ ζητούμενον χρῆ-
μα· τὸν γὰρ ἱερέα τὸν χαλκάνθρωπον μετέτεθη τοῦ
χρώματος τῆς φύσεως καὶ γέγονεν ἀργυράνθρωπος·
ὃν μετ' ὀλίγας οὖν ἡμέρας ἐὰν θελήσῃς εὑρή-
σεις αὐτὸν καὶ χρυσάνθρωπον : Περὶ τοῦ θείου ἀκαύστου :
Λαβὼν θεῖον ἄπυρον λέανον οὔρῳ ἀφθόρου· ἄρτι
λαβὼν ἅλμην δὶ ναι ... ἕψε ἕως ἐλθεῖν πλεύσῃ καὶ γί-
νεται ἄκαυστον· δοκίμαζον καὶ ἕτερον καὶ βλέπον

ἐν δὲ ἦν τοῦ ποιεῖς τοῦ νοῦ ἔχον ὦ φίλτατε :–

Fig. 11ª

In fine exibit tibi rex suo dyademate coro-
natus fulgens ut sol clarus ut carbunculus
foris effluens ut cera. perseverat in igne
penetrans et retinens argentum vivum. Ar:
Color namque rubedinis causatur Noldus
ex complemento digestionis. Quia sanguis
non generatur in homine nisi prius diligenter
coquatur in epate. Sic nos cum videmus maz
de mane urina alba. facientes parum dormi

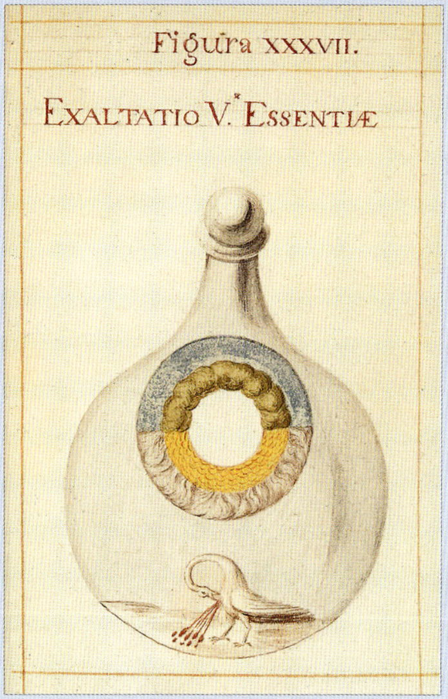

La matière « crue » ou vitryol philosophique, imprégnée de ce fluide cosmique — Spiritus Mundi — qui est la vie de toutes choses, revêt, au printemps de l'Œuvre, la couleur verte. La Rose rouge — Rosa Rubea — annonce le triomphe souhaité, car, comme le dit Fulcanelli, « La rougeur est la signature de la parfaite fixation et de la fixe perfection ».

L'Exaltation de la Quinte-Essence (*ci-dessus, à droite*) est produite par une sublimation philosophique réitérée jusqu'à la parfaite fixation qu'annonce la renaissance du phénix. Cette Quinte-Essence des Éléments est le mercure des Philosophes, cinquième principe des mixtes composé de ce qu'il y a de plus pur dans les quatre éléments. (*voir p. 47*).

d'antimoine ($Sb2\ O3$) dans une solution bouillante de bitartrate de potassium (crème de tartre), on obtient l'émétique de tartre ($K\,(Sb\,O)\,C_4\,H_4\,O_6\,.\,1/2\,H_2\,O$).

Avant de terminer cette digression, nous effleurerons du bout de l'aile l'arcane hermétique du chat. On sait que le chat se déplace avec une aisance peu commune dans l'obscurité quasi totale. Cette faculté n'est pas uniquement due à sa vue, mais aussi à ses moustaches, qui lui permettent de capter non seulement les ondes mais aussi les vibrations[26] et le rendent témoin de l'occulte, c'est-à-dire sensible aux choses les plus subtiles. « Ce sont les moustaches du chat, écrit Fulcanelli, qui lui ont fait donner son nom[27] ; on ne se doute guère qu'elles dissimulent un haut point de science, et que cette raison secrète valut au gracieux félin l'honneur d'être élevé au rang des divinités égyptiennes[28]. » Or, un grand nombre de cristaux, comme par exemple ceux de la galène ($Pb\,S$), utilisés dans les premiers récepteurs radio portent en anglais, étrange coïncidence, le nom de *cat whisker rectifiers*. Nous n'irons pas plus loin, nous contentant de suggérer plutôt que de prouver.

Les préliminaires terminés, la matière broyée et tamisée (ce qui n'est pas une mince affaire), la composition, soigneusement mélangée selon les proportions voulues, est placée dans un matras de verre suffisamment grand pour permettre la circulation de ses parties.

On installe alors le vaisseau dans l'Athanor. Ce fourneau philosophique doit être conçu de sorte que « notre œuf » puisse être couvé d'une chaleur digérante toujours égale, ni trop faible ni trop forte, souvent comparée, durant le premier stade, à la chaleur de la poule couvant ses œufs[29].

→ « Mais ici le Roi Soleil est enfermé et par le Mercure des Philosophes arrosé », proclame le phylactère, ce qui signifie que la femelle prend le dessus sur le mâle, et, comme le dit d'Espagnet, le domine de « manière à le changer en sa propre nature ; (volatile) elle ne le quitte point qu'elle ne soit devenue grosse ».

Peu importe la nature du feu extérieur, bain de sable, bain-marie, gaz ou charbon ; les seules considérations doivent être le côté pratique et la garantie d'une température constante ainsi que les possibilités d'une graduation précise.

Le feu extérieur doit donc préserver l'œuf du froid ; mais, comme son action stimule l'activité du feu intérieur, principe moteur des transformations de la matière, il faut se garder de l'irriter par une chaleur trop forte, car alors tout serait perdu : au lieu de voir le Tartare, on apercevrait les sables rutilants d'une rougeur signalant le désastre.

Dans l'arène philosophique, peu à peu les réactions commencent. Les esprits s'élèvent en fumées blanches qui se collent à la concavité du vase ; peu à peu l'on aperçoit les gouttes qui retombent et humectent le corps au fond du vase, commençant la réduction du fixe. C'est ainsi que le Corps par l'Eau et l'Eau par le Corps altèrent leurs couleurs, écrit Philalèthe.

Au sein de la matière les natures contraires se livent un combat sans merci. « ... Ceux-cy (qu'Avicenne appelle Chienne de Corascene et Chien d'Armenie), ces deux-cy estans donc unis ensemble dans le vaisseau du sépulchre, ils se mordent tous deux, cruellement, et par leur grande poison et rage furieuse, ne se laissent jamais depuis le moment qu'ils se sont entresaisis[30]... » Ce combat, décrit et dépeint par les uns, est, par d'autres, représenté à travers les amours et l'union du couple alchimique.

Ainsi Philalèthe explique que, lorsque une humeur dorée recouvrira le vaisseau tout entier, il faudra interpréter le phénomène comme un signe de la véritable copulation de « notre Homme » avec « notre Femme ». Mais « avant ce jaune, et avec lui il y aura un obscurcissement de la brillante Blancheur de la Fumée, par la mixtion des couleurs, Foncée, Obscure et Bleuâtre[31]. »

Fermentatio
Hie wirt Sol aber verschlossen.
Und mit Mercurio philoz übergossen

Tout cela se produit en principe en quarante jours (philosophiques). Alors commence la corruption par laquelle le corps sera finalement vaincu et que signalent les susdits effets.

Le breuvage de Médée ayant agi, le dragon meurt, et les corps des amants disparaissent dans les ombres cimmériennes de la noire Dissolution, au terme de quarante-six ou de cinquante jours. « Considérée au point de vue de son action chimique sur les substances des trois règnes, la mort est nettement caractérisée par la dissolution intime, profonde et radicale des corps. C'est pourquoi la dissolution appelée mort par les vieux auteurs s'affirme comme étant la première et la plus importante des opérations de l'Œuvre, celle que l'artiste doit s'efforcer de réaliser avant toute autre. Celui qui découvrira l'artifice de la véritable dissolution et verra s'accomplir la putréfaction consécutive, aura en son pouvoir le plus grand secret du monde. Il possédera également un moyen sûr d'accéder aux sublimes connaissances. Tel est le point important, ce pivot de l'art, suivant l'expression même de Philalèthe, que nous désirions signaler aux hommes de bonne foi, aux chercheurs bénévoles et désintéressés[32]. »

C'est la dissolution (*solve*) – première partie de l'axiome majeur de l'Œuvre : *Solve et Coagula* – qui réduit le corps en eau et ouvre une à une les cellules où sont détenus les esprits subtils de la matière. C'est la réduction du fixe ou volatilisation qui sépare le subtil de l'épais et la terre du feu. Les auteurs disent que le Roi entre alors dans son bain, retirant ses vêtements, qu'il remet à Saturne, de qui il reçoit en échange une chemise noire qu'il garde pendant quarante-deux jours (durée philosophique, rappelons-le, et que les Auteurs ne craignent pas de faire varier « selon comme ils l'entendent ».) Mais la putréfaction ne commence qu'après la destruction des premières formes ; tant que le corps n'a pas entièrement abandonné ses premières formes, le résultat n'est pas acquis.

Il s'agit de faire s'élever en vapeurs l'humidité superflue de la Terre jusqu'au haut du vase, de dessécher ainsi la Terre, puis de l'imbiber de cette même Eau distillée, qui retombe en pluie et qu'elle boit avidement selon l'axiome : « Tout sec boit avidement son humide. » Cette circulation doit être répétée sans relâche jusqu'au moment où tout devient calme et les esprits tombent en poudre noire au fond du vase. Le combat est alors terminé, la paix est faite, les ennemis sont morts, les contraires se sont interpénétrés et sont indissociablement unis dans la profonde noirceur d'une infecte poix.

Cette « mort totale » dure, selon les uns, de cinquante-six à soixante jours, au terme desquels on voit se déployer la Queue du Paon. Selon les autres, la nuit de l'Œuvre s'éclaire de l'Étoile des Mages annonçant la naissance d'un enfant à Bethléem ; car de ces corps détruits naît l'enfant royal, l'Hermaphrodite Mercure, aux multiples avatars.

Iris parcourt de ses couleurs chatoyantes la matière, signalant l'arrivée très prochaine du gris Jupiter qui, pendant les vingt-deux jours de son règne, blanchira Latone selon les mêmes principes. Enfin, à son tour, Diane cornue ou Luna montera sur le trône, et, en

Cadmus fait tourner la roue de l'Œuvre et ainsi il réitère toutes les opérations. Grâce à « notre soufre », il plante le premier clou, ce qui signifie qu'il fixe la matière volatile en la mêlant par digestion au fixe. (Digestion, imbibation, cération, solution, coagulation, etc. sont synonymes.)

vingt-et-un jours, l'Artiste admirera la parfaite blancheur. En réglant avec adresse le feu, on obtiendra la citrine, signature de Vénus, qui régnera quarante jours, puis Mars deviendra son amant et sa couleur rouille de fer sera presque indiscernable de celle de Vénus. Leur idylle durera quarante jours au terme desquels ils seront surpris par Apollon. La matière revêtira alors le rouge solaire.

Le soufre ainsi obtenu, il importe de recommencer les opérations, car la victoire du héros implique la double traversée de l'Achéron si merveilleusement évoquée par Gérard de Nerval.

L'Œuvre final se déroule avec toute la pompe d'un mariage royal. Le Roi épouse Sa Reine bien-aimée dans le Feu de leur Intense Amour. La noirceur se dit alors « éclipse de soleil ». Le Roi fixe est dissous, c'est-à-dire rendu volatil, tandis que Cadmus transperce le Serpent. De leur interaction résulte la perfection de la Pierre philosophale.

Il faut enfin savoir qu'il y a trois degrés de perfection ou trois œuvres dans l'Œuvre, qui correspondent aux couleurs principales : Noire, Blanche et Rouge ; les opérations des unes présentent de nombreux rapports avec les autres, ce qui n'est pas pour simplifier les choses. Car « les Philosophes en parlent à dessein en termes équivoques, afin que ceux qui

n'ont pas des yeux de linx, prenent le change, et se perdent dans ce labirinthe, duquel il est bien difficile de sortir. En effet lors qu'on s'imagine qu'ils parlent d'un œuvre, ils traitent souvent d'un autre[33]... »

Pour conclure, nous ferons une dernière fois appel à Fulcanelli dont la remarque prend ici toute sa valeur. Considérant les diverses étymologies attribuées au mot alchimie, il écrit : « La cabale phonétique reconnaît une étroite parenté entre les mots grecs χειμεια, χυμεια et χευμα, lequel indique ce qui coule, ruisselle, flue, et marque particulièrement le métal fondu, la fusion elle-même, ainsi que tout ouvrage fait d'un métal fondu. Ce serait là une brève et succinte définition de l'alchimie en tant que technique métallurgique[34]. Mais nous savons d'autre part que le nom et la chose sont basés sur la permutation de la forme par la lumière, feu ou esprit ; tel est, du moins, le sens véritable qu'indique la langue des Oiseaux[35]. »

Souvent le poil grison delivre les Oyseaux ;
Que le Saturnien loge dans nos vaisseaux ;
Et la vivacité du Mercure volage
Ne se dompte jamais que dans l'esprit du Sage.

Le Dragon (« notre chaos ») n'est ici vaincu que par son frère et par sa sœur (Diane et Apollon) c'est-à-dire le Soufre et l'Eau mercurielle qui, en se mêlant à lui, le transformeront afin que s'ouvre la porte du merveilleux Jardin des Hespérides.

→ La théorie des Quatre éléments a toujours sous-tendu l'existence d'un cinquième, l'Éther ou la Quintessence. Le phénix renait de ses flammes en tant que symbole de la perfection ou de l'exaltation de l'Éther.

Figura XXXVIII.

V.ª Essentia Exaltata

LA FONTAINE DES AMOUREUX DE SCIENCE PAR JEHAN DE LA FONTAINE

Ce poème hermétique, introuvable en librairie depuis un siècle (l'édition la plus récente date de 1861), fut composé en 1413 par Jehan de la Fontaine, natif de Valenciennes, dans le comté du Hainaut. Le texte de ce grand classique de la littérature alchimique, fréquemment réédité au XVIe siècle, a été plusieurs fois remanié par des compilateurs peu scrupuleux. Une étude comparative des différentes éditions démontre cependant l'homogénéité des vers originaux et permet aisément de déceler les altérations postérieures. Nous reproduisons ici le texte de la très sérieuse édition lyonnaise de 1618, qui est, de l'avis de tous, la plus fidèle.

→ La pratique de l'Art (souvent appelé Art de Musique) consiste en la conversion l'un dans l'autre des Quatre Éléments (non vulgaires) qui se trouvent dans la Matière première. Il faut dissoudre et coaguler, faire le corps esprit et l'esprit corps, le volatil fixe et le fixe volatil. C'est ce qu'effectue la Nature aidée par l'Art dans le Vase des Philosophes. C'est l'ensemble de toutes ces choses que symbolise ce monstre bicéphale et polymorphe. Notons encore que le serpent-archet correspond à l'Eau mercurielle et le homard au Soufre.

Ce fut au temps du mois de May,
Qu'on doibt fouïr dueil et esmay,
Que i'entray dedans vng vergier
Dont Zephirus fut iardinier.
Quand deuant le iardin passoye,
Ie n'estois pas vestu de soye,
Mais de pauures draps maintenu,
Pour n'apparoir en public nu.
Et m'esbattant auec desir
De chasser loing mon desplaisir,
Ouy vng chant harmonieux
De plusieurs oyseaux gratieux.

Adonc ie regarday l'entrée
Du iardin, qui estoit fermée.
Mais comme ma veuë estima,
Zephirus tost la defferma ;
Puis se retira, par effect
Monstrant qu'il n'auoit cela faict.
Et quand ie vis celle maniere,
Ie me tiray vng peu arriere,
Il est vray qu'il me fut aduis
Que deux bell's dames au cler vis,
Semblables à filles de roy
Au regard de leur noble arroy,
Vers moy s'en vindrent doulcement ;
Et ie les saluë humblement,
En leur disant : « Illustres dames,
Dieu vous sauf et de corps et d'ames!
Plaise vous à moy vos noms dire ;
Ce ne me vueillez esconduire. »

L'vne respond par grand plaisance :
« Amy, i'ay à nom Congnoissance ;
Voicy Raison que i'accompaigne,
Soit par monts, par vaux, par campaigne ;
Elle te peult faire moult saige. »
Alors entendant ce langaige,
Et cuidant estre resueillé,
D'vng cas fus fort esmerueillé :
Car issir veis de la fontaine,
Qui est tant aggréable et saine,

Et en apres entray dedans.
Du iour n'auois mangé des dents ;
I'auoye grand soif et grand faim,
Mais portois auecq moy du pain
Qu'auois gardé vne sepmaine.

Lors apperceu vne fontaine
D'eaue tres elere, pure et fine,
Qui estoit soubs vne aubespine.
Ioyeusement empres m'assis,
Et de mon pain soupes y fis ;
Puis m'endormis, apres mangier,
Dedans ce gratieux vergier ;
Et, selon mon entendement,
Ie dormy assez longuement,
Pour la plaisance que prenoys
Estant au songe que songeois.
Or pourrez scauoir de mon songe,
Et s'après le trouuay mensonge.
Va de ce qu'as si grand désir :
Escoute moy tout à loisir.

En la Fontaine ha vne chose,
Qui est moult noblement enclose.
Celuy qui bien la congnoistroit,
Sur toutes aultres l'aymeroit.
Qui la vouldroit chercher et querré,
Et puis trouuée mettre en terre
Et seicher en menue pouldre
Puis arriere en son eau resouldre,

Sept ruisseaux que veu ie n'auoye,
M'estant couchié en celle voye,
Lesquelz m'auoyent si fort mouillé
Que i'en estoye tout souillé.
Là s'espandoit l'eaue à foison.

Adonc priay dame Raison,
Qui estoit auecq Congnoissance,
Me dire la signifiance
De la fontaine et des ruisseaux
Qui sont si plantureux et beaux,
Et à qui estoit le pourpris,
De tous costez bien entrepris,
D'arbres et de fleurs odorantes
Arrousez des eaues courantes,
En sorte que pareils iamais
Ne me sembloit auoir veu. — Mais
Elle me diet tresdoucement :
« Mon amy, tu scauras comment
Sa mère en deux parties part,
Que luy aide apres ce depart,
Et puis la deliure a trois goules
Qui l'ont plustost prins que gargoules.
Alors est le plus fort du monde ;
Iamais n'est rien qui le confonde ;
Merueilleux il est et puissant ;
Une once en vault cent d'or pesant.
C'est vng feu de telle nature
Qu'il passe toute pourriture,
Et transmue en aultre substance,

← Au livre VI de l'*Énéide*, Virgile raconte comment, guidé par les colombes de Vénus, Énée découvrit le Rameau d'Or qui devait lui permettre d'avoir accès aux Enfers. Le Rameau d'Or, symbole de la matière des Sages ou principe radical de l'Œuvre, permet d'atteindre les ténèbres infernales qui sont la Noirceur de la Putréfaction. Pour cela les degrés de chaleur doivent se succéder aussi régulièrement que ceux de l'échelle. Notons au passage (parmi la singulière richesse des symboles dont chaque détail de l'image témoigne) la tête blanche du grand oiseau noir qui signifie que la couleur blanche est issue de la noire, tandis qu'auparavant apparaissent les couleurs passagères (voir les robes des dames au bas de l'image). La couleur tyrienne dont est revêtu le personnage principal au premier plan indique la Perfection finale de la Pierre.

La pierre que par stratagème Rhéa fit avaler à Saturne, à la place de son fils Jupiter, fut, selon Michel Maïer, placée sur le mont Hélicon, séjour favori des Muses. Cette pierre est ici fontaine de Jouvence coulant au pied de l'Arbre de Vie, but ultime de l'Art. (Nicola d'Antonio degli Agli, 1480, Bibl. apostolique du Vatican, Cod. Urb. Lat. 899, f.110 v.)

→ La représentation du Mercure des Sages sous les traits d'une sirène ailée fait allusion à la fois à ses qualités volatiles, attractives et dissolvantes, ainsi qu'à l'initiale domination de la femelle sur le mâle. Notons la gamme des couleurs de l'Œuvre ainsi que les emblèmes des quatre Éléments. Selon Fulcanelli, le symbole hermétique de la sirène sert à caractériser l'union du soufre naissant, qui est « notre poisson », et du mercure commun, appelé vierge, dans le mercure philosophique ou Sel de Sagesse.

Mais que fussent auant parties,
Puis assemblées les parties,
Qui la terre mettroit pourrir
En l'eaue que la doibt nourrir,
Il en naistroit vne pucelle
Portant fruict à double mammelle,
Mais qu'on ostast la pourriture,
Dont elle ne son fruict n' ha cure.
La pucelle dont ie deuise
Quand qu'il attaint à sa semblance ;
Et guerist maladie toute,
Apostume, lepre, et goutte ;
Et és vieulx corps donne ieunesse,
Et és ieunes, sens et liesse ;
C'est ainsi que de Dieu miracle.
Ce ne peult faire le triacle,
Ne rien qui soit soubz ciel trouué,
Fors cecy, qui est esprouué

Figura II.

← Ouranos fut châtré par Saturne, lequel fut à son tour châtré par Jupiter qu'il croyait avoir dévoré à l'instar de ses autres fils. Ce mythe symbolise la nature cyclique de l'Œuvre alchimique : ainsi, par exemple, la succession des couleurs et des régimes. Le règne d'Ouranos ou de la matière crue se termine lors de l'avènement de la Noirceur, c'est-à-dire de Saturne, laquelle à son tour cède la place à Jupiter, c'est-à-dire à la couleur grise.

Le Roi Vert (« notre sujet ») doit mourir. Déjà les hideuses Stymphalides tendent leurs serres rouges tandis qu'à droite les trois Parques se préparent à mettre un terme à ses jours. Atropos va couper le fil, filé par Clotho, que mesure Lachesis.

Si poingt et ard en mainte guise :
Car en l'air monte, en hault volant,
Puis descend bas, à val coulant ;
Et en s'en descendant, faonne
Faon que nature luy donne.

C'est vng Dragon qui ha trois goules
Famineuses et iamais saoules.
Tout entour de luy chascun rue,
L'enuironnant ainsi qu'en rue,
Et poursuiuant par forte chasse
Tant que gresse couure sa face,

Par les Profètes anciens
Et par docteurs Phisiciens.

Mais on ne l'ose plus enquerre,
Pour peur des seigneurs de la terre ;
Oncques mais n'aduint tel meschié,
Car ce faire on peult sans peschié.
Moult de Sages si l'ont aymé ;
Mauldit soit qui l'ha diffamé.
L'on ne le doibt onc reueler
Qu'à ceulx qui veulent Dieu aymer.
Et qui bien ayment, ont victoire

Que le noircist et si l'englue.
Puis le compresse et le mengue.
Elle r'enfante mesmement
(Ce se fait amoureusement)

Plus puissant que deuant grand somme ;
Puis le boit comme ius de pomme.
Ainsi l'enfant à sa manière,
Souuent boit et r'enfante arrière,
Tant que plus cler est que christal.
Pour vray le fait en est ytal.

Pour seruir Dieu, aymer, ou croire :
Car cil à qui Dieu donne espace
De viure tant que en quelque place
Il ayt celle œuure labourée,
Ha de Dieu la grace impetrée
En soy ; saches certainement :
Dont prier doibt deuotement
Pour les saincts hommes qui l'ont mise
En escript selon leur deuise ;
Philosophes et saincts preud'hommes,
Dont ie ne scay dire les sommes ;

MATERIA PRIMA UNIQUE ET INDESTRUCTIBLE	SOUFRE Principe fixe	Terre (visible, état solide) Feu (occulte, état subtil)
	SEL	Quintessence, état comparable à l'éther des physiciens
	MERCURE Principe volatil	Eau (visible, état liquide) Air (occulte, état gazeux)

Et quand il est ainsi luisant,
En eaue moult fort et puissant,
Il pense deuorer sa mère,
Qui ha mangié son frère et père.
Ainsi comme l'alaitte et couue
Le Dragon, fière de sa couue.
Est gouuerné de sept Ruisseaux,
Qui tant sont amoureux et beaux.
Ainsi l'ay voulu figurer ;
Mais aultrement le vueil nommer :
C'est vne pierre noble et digne,
Faicte par science diuine,
En laquelle vertu abonde
Plus qu'en nulle qui soit au monde ;
Trouuée est par Astronomie
Et par vraye Philosophie.
Elle prouient en la montaigne
Où ne croist nulle chose estraigne.
Scachez de verité prouuée,
Plusieurs sages l'y ont trouuée.
Encores la peult on trouuer
Mais Dieu leur face à tous mercy,
Qui ont ouuré iusques icy ;
Et ceulx qui ayment la science
Dieu leur doint bien et patience.
Scauoir doibs que celuy Serpent
Que ie t'ay dit premierement,
Et ainsi est-il des metaulx,
Qui ne sont pareils ny esgaulx ;
Car par elle mesme se font
Dedans la terre bien profond :
Desquelz plus à plein conteray
Quand Nature te monstreray,
Laquelle ie veulx que tu voye,
Affin que mieux suyue sa voye
Et son sentier en la tienne œuure :
Car il fault que la te descœuure. »

Ainsi que tels propos tenoit,
Ie veis Nature qui venoit.
Et alors, sans faire delay,
Droict encontre elle m'en allay

← Pan, fils de Mercure. Notons bien que l'Étoile est le hiéroglyphe du Sel ammoniac ou harmoniac des Sages qui, en tant que médiateur de l'Art de Musique, établit la nécessaire Harmonie de ses composantes.

Le succès couronne la perfection de l'Œuvre « au rouge ». Soufre et Mercure – fixe et volatil – sont indissolublement unis et ne forment plus qu'un seul corps androgyne. L'hydre dans la coupe symbolise efficacement l'Élixir et sa triple dénomination des trois règnes de la nature. Le dragon tricéphale rappelle que la réussite de l'Œuvre repose sur une triple solution.

→ Les curieux objets que tient « Notre Dame de tous Honneurs » sont le double « feu » qui incite les oiseaux au vol.

Par peine de bien labourer ;
Des Philosoph's est la pierrière
Que tant est amoureuse et chière.
Aysement on la peult auoir,
Et si vault mieux que nul auoir.
Mais peine auras moult endurée
Deuant que tu l'ayes trouuée ;
L'ayant, n'auras faulte de rien
Qu'on trouue en ce monde terrien.
Or' reuenons à la fontaine
Pour en scauoir chose certaine.

Celle fontaine de valeur
Est à vne dame d'honneur,
Laquelle est Nature appellée,
Qui doibt estre moult honorée :
Car par ell' toute chose est faicte,
Et s'elle y fault, tost est deffaicte.
Pour la saluer humblement.
Mais certes tout premierement
Vers moy feit inclination,
Me donnant salutation.
Lors Raison dict : « Voicy Nature ;
A l'aymer mets toute ta cure.
C'est elle que te fera estre
De son ouurage prudent maistre. »
Ie l'escoutay diligemment :
Et elle se prit saigement
A me demander d'où i'estoye
Et qu'en ce liu là ie queroye,
Car il estoit beaucoup sauuaige,
Et pour les non clercs plein d'ombraige.
« Dame, di-ie, par Dieu de cieulx,
Ie suis venu ci, comme cieulx
Qui ne scait en quell' part aller
Pour bonne aduenture trouuer.

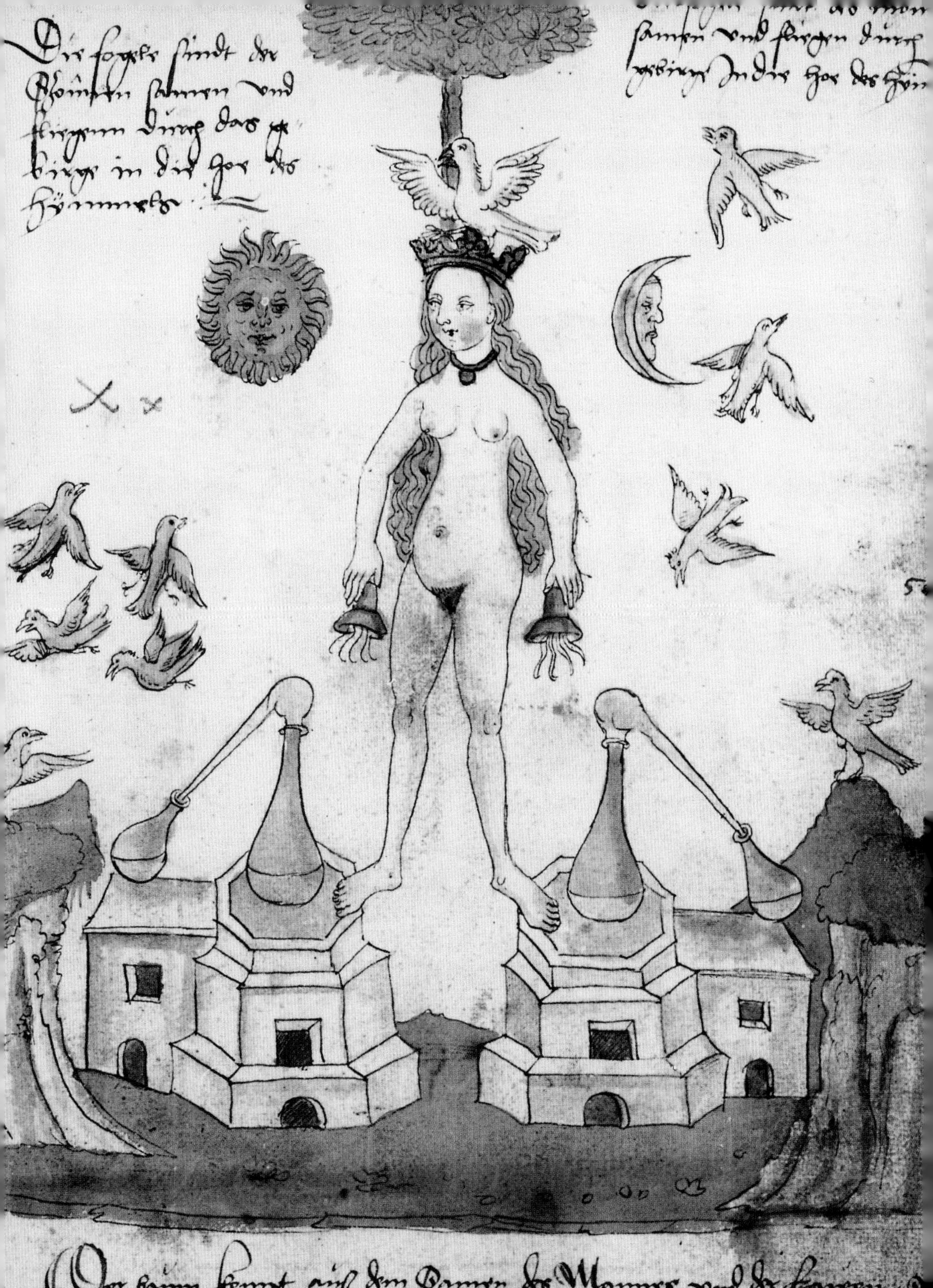

Der baum kumpt aus dem Samen des Mannes und der frawen, so
der same erstorben ist, und in der Erden gewachsen wirt, so
wechst der aus ein baum mit manchfeldiger frucht

Long temps ha que fust establie
Celle Dame, ie vous affie :
Car aussi tost que Dieu eut faicts
Les Elemens qui sont parfaicts,
L'Eaue, l'Air, la Terre et le Feu,
Nature en tout parfaicte feu.
Sans Nature, ne peut plus croistre
Dedans la mer la petite oistre ;
Car Nature est mere à la ronde
De toutes les choses du monde.
Noble chose est que de Nature.
Moult y bien appert à figure
De l'homme, que Nature ha faicte ;
En quoy de rien ne s'est meffaicte.
Aussi fait-il en plusieurs choses
Qui par Nature sont descloses :
Oyseaux, arbres, bestes, fleurettes,
Du tout par Nature sont faictes ;
S'on escript où la rencontra,
Et qui fut cil qui la monstra.
Il me respondit sans delay
Par ces propos que vous diray.

Science si est de Dieu don,
Qui vient par inspiration.
Ainsi est science donnée
De Dieu, et en l'homme inspirée ;
Mais auecq ce apprend on bien
A l'escolle par son engien.
Mais auant qu'onc lettre fust veuë
Si estoit la science sçeuë
Mais ie vous diray sans attente
Et en brief propos mon entente.
Vn moult grand Prelat vey iadis
Scauant, clerc, prudent et subtils,
Qui parloit en commun langaige,
Ainsi que faict maint homme saige,
Du scauoir de la medicine
Qu'il faisoit tres-haulte et tres-digne,
En demonstrant ses excellences
Par moult grandes experiences ;
De Philosophie et science
Deuisoit en grand reuerence ;
Bien auoit esté à l'escolle.
Alors fus mis en vne colle
Ardente d'apprendre et scauoir
Chose meilleur' que tout auoir,
Et de luy demander m'aduint
D'où premier la science vint ;
Pour auoir honneur en ma vie,
Sans ce que nul y ait enuie :
Car tout mon bien ie vueil acquerre,
Comme les laboureurs de terre ;
La terre fouïr et houër,
Et puis la semence semer,
Comme font les vrays laboureurs,
Qui sont leurs biens et leurs honneurs.
Et pour cela prier vous vueil
Que vous me dictes de voz vueil,
Comme on nomme celle fontaine
Qui tant est amoureuse et saine. »
Elle respond : « Amy, de voir,

→ Entouré des aigles, symboles des sublimations répétées, le Roi (dont la robe rouge brodée d'aigles et de lions d'or évoque la volatilisation du fixe et la fixation du volatil) dévoile l'emblème du sujet des Sapients.

Par gens non clers, mais inspirez,
Qui doibuent bien estre honorez :
Car plusieurs ont trouué science
Par la diuine sapience.
Et encor est Dieu tout puissant
Pour donner à son vray seruant
Science telle qu'il luy plaist :
Dequoy à plusieurs clers desplaist,
Disans qu'aulcun n'est suffisant
S'il n'a esté estudiant ;
Qui n'est maistre és arts, ou docteur,
Entre clers reçoit peu d'honneur :
Et de ce les doibt on blasmer
Quand aultruy ne sçauent loüer.
Mais qui bien punir les vouldroit,
Les liures oster leur fauldroit.
Là seroit science faillie
En plusieurs clers, n'en doubtez mie ;
Et pas ne le seroit és laiz
Qui font rondeaulx et virelaiz,
Et qui sçauent metrifier,
Et plusieurs choses, que mestier
Font à maintes gens à deliure,
Qu'ils ne trouuent pas en leur liure.
Le charpentier, et le masson
N'estudient que bien peu, non ;
Et si font aussi belle vsine
Qu'estudians en Medicine,
En Loix, et en Theologie,
Pour auoir practiqué leur vie.

Puis que desirez le scauoir ;
Elle s'appelle, pour le mieux,
La fontaine des amoureux.
Or te doibt-il estre notoire
Que depuis Eue, nostre mere,
I'ay gouuerné tretout le monde,
Si grand comme il est à la ronde.
Sans moy ne peult chose regner,
Si Dieu ne la veult inspirer.
Moy, qui suis Nature appellée,
I'ay la terre enuironnée,
Dehors, dedans, et au milieu ;
En toute chose prins mon lieu,
Par mandement de Dieu le Père ;
De toutes choses ie suis mere ;
A toutes ie donne vertu ;
Sans moy n'est rien, ne oncques fu
Chose qui soit soubs ciel trouuée,
Qui par moy ne soit gouuernée.
Mais puis que tu entens raison,
Ie te vueil donner vng bel don,
Par lequel, si tu veux bien faire,
Tu pourras Paradis acquerre,
Et en ce monde grand' richesse,
D'on te pourra venir noblesse,
Honneur et grande seigneurie,
Et toute puissance, en ta vie.
Car en ioye tu l'vseras,
Et moult de nobles faictz verras
Par celle fontaine et cauerne
Qui tous les sept metaulx gouuerne.

← Mercure, dont les ailes rouges ne sont que partiellement représentées sur la page, oblige Argus à avancer vers la noirceur. Argus, sujet de l'Œuvre, est revêtu de vert, l'une de ses jambes de noir et l'autre de rouge. À la fin de la putréfaction, ses yeux multiples pareront la queue du paon.

→ La course du Phaéton des Philosophes commence lorsque la partie fixe, ignée et aurifique, se volatilise ; après avoir longtemps voltigé, elle est précipitée au fond du vase, lors de l'apparition du Jupiter philosophique ; elle tombe dans l'eau mercurielle (le fleuve Éridan) qu'elle coagule et rend aurifique en se fixant.

Dés lors fus grandement espris
D'emploïer du tout mes espris,
Tant que par vraye experience
Auoir peusses la congnoissance
De ce que maint homme desire
Par grace du souuerain sire. »
Mon conte, Raison et Nature
Bien escoutaient, ie vous asseure.
Puis à Nature di : « Madame,
Helas, tousiours de corps et d'ame
Suis en trauail, voulant apprendre
Science, où ne puisse mesprendre,

L'*or* entendons par le Soleil,
Qui est vng metail sans pareil ;
Et puis entendons pour l'*argent*
Luna, le metail noble et gent.
Venus pour le *cuiure* entendons,
Et aussi c'est moult bien son nom.
Mars pour le *fer*, et pour l'*estain*
Entendons Iupiter le sain ;
Et le *plomb* pour Saturne en bel
Que nous appellons or mesel.
Mercurius est *vif argent*,
Qui a tout le gouuernement
Des sept metaulx : car c'est leur mere,
Tout ainsi que si les compere,
Qui les imparfaits peut parfaire.
Après le te veulx remetraire.

Or entends bien que ie diray,
Et comme ie declareray

Ils en viennent, c'est chose claire.
Mais de la Fontaine suys mere,
Laquelle est doulce comme miel,
Et aux sept Planetes du ciel
Comparée est : scauoir, Saturne,
Iupiter, et Mars, et la Lune,
Le Soleil, Mercure et Venus :
Entends bien, tu y es tenus.
Les sept Planetes que i'ay dict,
Accomparons sans contredict
Aux sept metaulx venans de terre,
Qui tous sont faicts d'vne matiere.

Or entends si tu veulx sçauoir
(Mieux vault bon sens que nul auoir) :
Pren ton corps et en fais essay ;
Comme aultres ont faict, bien le scay.
Ton esprit te fault bien monder,
Ains que puisses incorporer.
Si faire veulx bonne bataille,
Vingt encontre conuient sans faille,
Et si ton corps ne peult destruire
Vingt, à ce pas il faut qu'il meuire (meure).
Si est la bataille première
De Mercure très-forte et fiere ;
Après rendre luy conuient faire,
Ançois qu'on n'en puist rien attraire.
Quand à ton vouloir entrepris
Rendu sera, lors estant pris,
Si tu en veulx auoir raison,
L'enfermeras dans la prison
D'où il ne se puisse bougier.

MARS

IVP

La fontaine à dame Nature,
Que tu vois cy près en figure.
Si tu sçais bien Mercure mettre
En œuure, comme dit la lettre,
Medicine tu en feras,
Dont paradis puis acquerras,
Auecques l'honneur de ce monde,
Où grand planté de bien abonde.
Sçauoir doibs par Astronomie
Et par vraye Philosophie,
Que Mercure est des sept metaulx
La matiere, et le principaulx :
Car par sa pesanteur plombasse,
Se tient soubz terre en vne masse,
(Nonobstant qu'elle est volatiue
Et és aultres moult conuersiue)
Et est soubz la terre trouuée,
Tout ainsi comme est la rousée.
Et puis en l'air du Ciel s'en monte,
(Moy, Nature, le te raconte)
Et si après peulx concepuoir
Qui en veult medicine auoir
Mercuriale en son vessel,
Le mettra dedans le fournel
Pour faire sublimation,
Qui est de Dieu vng noble don,
Laquelle ie te veulx monstrer
A mon pouuoir, et figurer.
Car si ne fais purs corps et ame,
Ia ne feras bonne amalgame,
N'aussi bon paracheuement.
Mets y donc ton entendement.
Mais d'vng don le doibs soulagier,
Ou pour toy rien ne vouldra faire
Tant que luy feras le contraire ;
Et si faire luy veulx plaisir,
Il le te conuient eslargir,
Et remettre en son premier estre,
Et pour ce seras tu son maistre :
Aultrement sçauoir bien ne peulx
Ce que tu quiers et que tu veulx.
Mais par ce point tu le sçauras,
Et à tout ton plaisir viendras,
Mais que tu faces de ton corps
Ce dont te fais cy le recors.

Faire doibs doncq, sans contredict,
Premier de ton corps vng esprit,
Et l'esprit réincorporer
En son corps sans point séparer.
Et si tout ce tu ne sçais faire,
Si ne commence point l'affaire.

Après ceste coniunction,
Se commence operation,
De laquelle, si tu poursieux,
Tu auras la gloire des cieulx.
Mais tu doibs sçauoir, par ce liure,
Que moy Nature te deliure,
Que le Mercure du Soleil
N'est pas à la Lune pareil :
Car tousiours doibt demourer blanche
Pour faire chose à sa semblance ;
Et celuy qui au Soleil sert

← Lorsque la matière est digérée, elle se pare de la couleur rouille de Mars, intermédiaire entre la blanche et la pourprée. Jupiter est à la fois la chaleur générative des corps et la couleur grise qui succède à la noire.

Le doibt ressembler en appert ;
Car on le doibt rubifier :
Et ce est le labeur premier.
Et puis assembler les peult on,
Comme i'ay dict, en la fasson
Cy-deuant que tu as ouye,
Qui te doibt trouuer en l'ouye.
Et si ce ne sçauois entendre,
En ton labeur pourrois mesprendre,
Et à l'aduenture perdrais
Long temps, et en vain l'vserois :
Et s'à mon dict sçais labourer,
Seurement y peulx proceder.

Or as tu vng point de ceste œuure
Que moy Nature te descœuure.
Si te fault, par bonne raison,
Faire après congelation
Et de corps et d'esprit ensemble,
Tant que l'vng à l'autre ressemble ;
Et puis te conuient, par bon sens,
Separer les quatre elemens,
Lesquelz tous nouueaulx tu feras,
Et puis en œuure tu metras.
Premier tu doibs le feu extraire
Et l'air aussi pour cest affaire,
Et les composer en après :
Ce te dy cy par mots exprès
La terre et l'eaue, d'aulire part,
Seruent moult bien à celuy art,
Et ainsi fait la quinte essence[1] ;
Car c'est de notre faict la cence[2].
Quand tu as les quatre trouuez
Et l'vng auecq l'aultre assemblez,
Generation est certaine,
Si que c'est vne œuure hautaine
Et qui est de grande substance.
Ainsi est-il, d'autre semblance,
De maint homme et de mainte femme
Qui ont bon loz et bonne fame,
Par leurs enfans qu'ils scauent faire,
Dont chaceun doibt priser l'affaire ;
D'oyseaulx, de bestes et de fruicts.
Aultrement prouuer ie le puis :
Mettez d'vng arbre la semence
En terre pour bonne science ;
Après la putrefaction,
En viendra generation.
Par le froment le peulx sçauoir,
(Qui vault mieux que nul aultre auoir) :
Semant vng grain, en auras mille.
Là ne fault estre moult habile.
Ne oncques ne fut creature
Qui dire peult à moy, Nature :
Naissance ay prins sans te cercher,
Et ne doibs rien me reprocher.
Et ainsi des metaulx est il,
Dont Mercure est le plus subtil.
Quand il est mis dedans son corps4,
Que ie t'ay dit en mes records,
Il le conuient enamourer
De son pareil, puis labourer.
Mais ains qu'à fin puisse venir,
D'ensemble les fault despartir.
Mais après celle despartie,
Se r'assemblent, ie vous affie.

→ L'or philosophique, ici représenté par le crapaud, unit les principes contraires. (John Dastin, *De erroribus*, XVe siècle, British Museum, Londres, Egerton 845, f.17v.)

Ici « notre mercure » est débarrassé de ses impuretés extérieures. (*Speculum veritatis*, XVIIe siècle, Bibliothèque apostolique du Vatican, Cod. lat. 7286, f.6,7.)

Et l'vng de l'autre separez,
Ainsi comme ay dit par dessus,
Ton faict sera demy conclus.

Or peulx proceder ; moïennant
Que tu faces ce que deuant
Ie t'ay en ce chapitre dit.
Tu le mettras au four petit[3] :
Cela s'appelle mariage
Quand il est fait par homme sage ;
Et aussi c'est moult bien son nom.
Or entendez bien la raison :
Car masculin est fort liable
Auecq feminin amiable.
Et quand purs et netz sont trouuez,
Semble au chasseur qui rien ne prend.
Si apprens donc à bien entendre,
Affin que ne puisses reprendre
Les liures, ne les bons facteurs,
Lesquelz sont parfaicts entendeurs :
Car tous ceulx qui nostre œuure blasment
Ne la congnoissent, mais diffament ;
Celuy qui bien nous entendroit
Moult tost à nostre œuure viendroit ;
Plusieurs fois a esté ouurée
Et par philosoph's esprouuée.
Mais plusieurs gens tenuz pour sages
La blasment, (dont ils sont folages),
Et chascun les en doibt blasmer,
Qui a sens en soy sans amer.
Mais loüer doibt on bien et bel
Tous ceulx qui ayment tel ioïel,
Et qui le pensent à trouuer
La fois premier est fiansaille,
Et la seconde l'espousaille ;
A la tierce fois par droicture
Assemblés en vne nature,
C'est le mariage parfaict,
Auquel gist trestout nostre faict.
Or entens bien comme i'ay dit,
Car pour vray en rien n'ay mesdit :
Quand tu les auras separez,
Et peu à peu bien reparez,
En après les r'assembleras,
Et l'vng auecq l'aultre mettras.
Mais te souuienne en ta leçon
Du proverbe que dit Caton :
L'homme qui list, et rien n'entend,
Sans luy l'art seroit imparfaict.
Aulcuns dient que feu n'engendre
De sa nature, fors que cendre ;
Mais, leur reuerence sauuée,
Nature est dans le feu entée :
Car si Nature n'y estoit,
Iamais le feu chaleur n'auroit ;
Et si prouuer ie le voulois
Le Sel en tesmoing ie prendrois.
Mais quoy!... Nous lairrons ce propos,
Et aulire dire voulons loz. »

Et quand ce parler entendis,
Le mot en mon cueur escripuis,
Et dis : « Noble Dame d'arroy,
Vueillez vng peu entendre à moy ;
Et reuenons à ces metaulx,
Dont Mercure est le principaulx,

Par peine de bien labourer,
Et doibt on dire : c'est bien faict ;
Los merite leur bel effect.
Or auons nous dict vne chose
Qu'il fault que briefuement desclose :
C'est que, si bien proceder veulx,
Tu faces l'vnion des deux,
Tant que fiancez puissent estre
Ou vaissel qui en sçait bien l'estre ;
Et puis pour ton faict separer
Le te conuient bien ordonner.
Et pour t'en dire la façon,
Ce n'est que résolution
Laquelle te faict grand mestier,
Se poursuiuir veulx le mestier ;
Elle doibt le compost deffaire,
Ainsi que tu en as affaire.
Quand tu verras la terre seiche[1],

Et me faictes, vous et Raison,
Aulcune declaration,
Ou de vostre faict suys abus
Pour ce que dict auez dessus :
Car vous voulez que ie defface
Ce que i'ay faict de prime face,
Et expressement vous le dites ;
Ie ne sçay si ce sont redites,
Ou si parlez par paraboles ;
Car ie n'entens point vos escholes. »
« Amy, ce respondit Nature,
Dy, comme entens tu le Mercure
Que ie t'ay cy deuant nommé?
Ie t'ay dit qu'il est enfermé,
Encores que souuent aduient
Qu'en plusieurs mains il va et vient.
Le Mercure que ie te lo,
Surnommé de Mercurio,

HER·IS·THE·LAST·OF·THE·REDSTON
Take the father that phebus hight.
that sitteth so high in maiestie.
wt his beames yt shine so bright.
in all places that ere that he bee.
for he is father of all things.
maintener of lyfe to crop and rote.
and causeth nature for to spring.
in man in myne and plant to boote.
for he is salve to everye sore.
to bringe aboute this precious worke.
take good heede unto this lore.
I saie unto the lewde and Clerkie.
and homogene is his name.
wch god shapte with his hande.
and Magnetia is his Dame.
you shall verilye understande.
nowe I shall heere begynne.
for to teache thee redie waye.
or else litle shalt thou wynne.
take good heede what I saye.
devyde thou Phebus in many partes.
wt his beames that be so bright.
and this is nature wch is his rote.
the wch is mother of all light.
this Phebus hath full many a name.
wch is full harde for to showe.
and but thou take the verie same.
the phebus nor stone thou shalt not have.
therfore I counsell ere thou begynne.
knowe it well what it bee.
and that is thicke make it thynne.
for then it shall well like thee.
Nowe understande what I meane.
and take good heede therto.
this worke else shall not be seen.
and tourne the to mickell woo.
as I have saie in this lore.
many a man hathe it kathe.
some behinde and some before.
as philosophers they hym gave.

Eaue du ciel fay qu'elle leiche,
Car ils sont de mesme nature.
Laboure doncques par droicture.
C'est raison qu'ell' soit abreuuée ;
Et de moy sera gouuernée.

Or t'ai-ie dit, sans rien mesprendre,
Comme ton corps peult ame prendre,
Et comme les fault despartir,
Et l'vng d'auecq l'aultre partir.
Mais la despartie, sans doubte,
Est la clé de nostre œuure toute.
Par le feu elle se parfaict ;
Ie te diray où l'œuure est mise ;
Mesmement où elle commence,
Si tu es filz de la science.
Et cil qui y veult paruenir,
Fault qu'à ce point sache venir,
Ou riens ne vauldra son affaire,
Pour labeur qu'il y sçache faire.
Pour ce nommé-ie la fontaine,
Qui tant est amoureuse et saine,
Mercure, celuy vray surgeon,
Qui cause est de perfection.

Or entens bien que te diray.
Car pour vray riens ne mesdiray :
Celuy Mercure sans pareil
Peulx tu trouuer ou le Soleil,
Quand il est en sa grand'chaleur
Et qu'il fait venir mainte fleur :
C'est le Mercure des Mercures ;
Et maintes gens mettent leurs cures
De le trouuer pour leur affaire :
Car ce n'est Mercure vulgaire.
Sans moy tu ne le peux trouuer ;
Mais quand tu en vouldras ouurer,
Moult te fauldra estre autentique
Pour paruenir à la practique,
Par laquelle pourras auoir
De noz faictz vng tres grand sçauoir.
Les metaulx te fauldra congnoistre
Ou ton faict ne vauldra vne oistre.
Or, pour entendre mieulx la guise,
Si n'as probation du faict
D'auoir bien resouls l'imparfaict.
Et si tu peulx passer ce pas,
Recorpore-le par compas,
En reuenant au faict premier ;
L'aultre ne fut que messagier.
Véoir le peulx évidemment
Comme se faict legierement.
Par plus brief tu ne peulx venir
Au plus fort de ton aduenir ;
Et si tu l'entens, pour certain
Tu ne laboureras en vain.
Et après ce labeur cy faict,
Te fault reffaire le deffaict.
Putrefaction est, pour voir,
Dont il doibt naistre grand auoir :
En ce point cy gist la mestrise
Auquel tout nostre faict s'attise ;

← Lorsque l'Oiseau d'Hermès (Mercure des Philosophes) aura dévoré toutes ses plumes, il sera parfaitement fixé. Détail d'un rouleau attribué à James Standysh, qui reprend les textes du célèbre *Ripley Scrowle* et traite les mêmes thèmes avec une singulière originalité stylistique.

Frontispice d'un manuscrit hermétique finement doré, dédié à Sa Majesté Impériale le Roi de Bohême et de Hongrie.

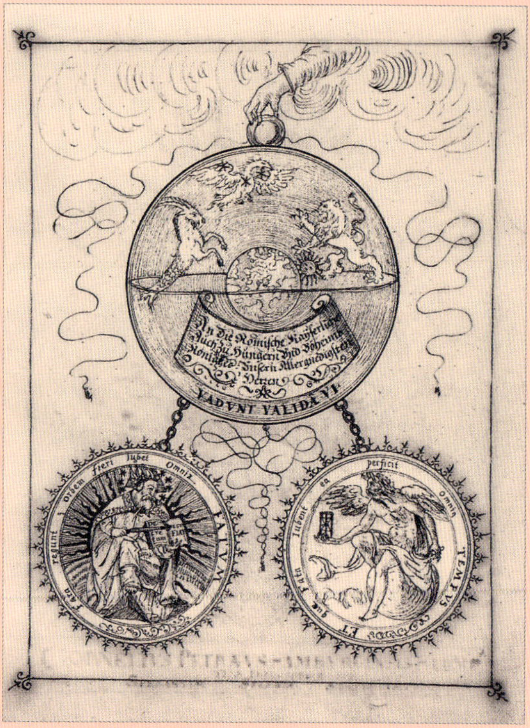

Car après fleurs viennent les fruicts.
Par ce point prouuer ie le puis,
Et encore par cent manieres
Qui sont à ce fait moult legieres ;
Mais cestuy-cy est le principe
Et pour cela le te recite.
Certes ie ne t'ay abusé :
Car pour voir il y est trouué.
Et s'en Luna veulx labourer
Autant bien l'y pourras trouuer,
En Saturne, et en Iupiter,
Et en Mars, que ie nomme Fer.
Dedans Venus et en Mercure
On peult bien trouuer la plus sure ;
Mais, quant à moy, ie l'ay trouvé
Au Soleil, et puis labouré ;
Et pour ce t'en ay faict ce liure
Et quoy que t'aye dit deuant,
Icy gist tout le conuenant.
Dans le four est mis l'appareil ;
Tu en doibs auoir vng pareil,
Car germe fault premier pourrir,
Qu'il puisse dehors terre yssir.
Mesmes la semence de l'homme,
(Que pour probation te nomme),
Se pourrit au corps de la femme
Et deuient sang, et puis prent ame.
Mais en forme de creature,
Ce secret cy te dict Nature.

Car vne chose en debura naistre,
Qui sera bien plus que son mestre,
Pour allaicter les quatre enfans
Qui sont desià venus tous grans,

Que tu m'entendes à deliure.
Dedans Luna sçaches de voir,
Ay-ie prins mon premier auoir.
Encore dy ie aux entendeurs
Que c'est tout vng de deux labeurs,
Excepté rubifiement,
Qui sert au Soleil noblement.
Et plus dire ne t'en sçauroye,
Si la pratique ne monstroye.
Et celle ne te puis retraire
Sinon que tu le voyes faire.
Mais ayes bien en ta mémoire
Ce que ie t'ay dit, c'est notoire[1].
Estant à résolution,
Faire doibs inhibition :
Mais ne commence point à faire
Ce que i'ay dit sur tel affaire

Lesquelz Elemens sont nommez
Et l'vng de l'autre separez.
Or as-tu cinq choses ensemble
Et l'vne à l'autre bien ressemble ;
Aussi n'est-ce qu'une substance
Toute d'vne mesme semblance.
Là doibt l'enfant manger sa mere
Et après destruire son pere.
Fleur et laict et fruict auecq sang
Conuient trouuer en vng estang.

Or regarde dont le laict vient,
Et que là sang faire conuient.
Si ce ne sçay considerer
Tu pers ta peine à labourer ;
Et si tu me sçay bien entendre,
Si laboure sans plus attendre ;

Armes de l'Art. Mercure, sur l'Écu, évoque la volatilisation et la fixation.

uium et fetuosum:-

Car tu as passé le passage
Où demeure maint fol et sage ;
Là, te peulx vng peu reposer,
Après commence à labourer
Et poursui tant que face issier
Fruict parfaict, qu'on nomme Elixier ;
Car par œuure sciencieuse
Se faict la pierre précieuse,
Des Philosophes le renon,
Qui en sçauent bien la raison ;
Et n'est ioyel, ne mal auoir,
Qui puisse cell'pierre valoir.
Si ses effects veulx que ie die,
Guarir peult toute maladie ;
Aussi par ses tres nobles faicts,
Parfaict les metaulx imparfaicts,
Et ne faict plus chose du monde
Fors ceste où grand vertu abonde.
A merueilleux faicts est encline ;
Pour tant la nommons medicine ;
Et de toutes les aultres pierres,
Que maints princes tiennent pour chieres,
Nulle peult tant resiouir l'homme,
Que ceste-cy que ie te nomme. »
Que de parler plus n'auoit cure
Pour ses ouurages declairer,
Moult tendrement prins à plourer,
Et dis : « Noble dame d'arroy,
Vueillez auoir pitié de moy
Ou iamais ne seray deliure
De ce qu'ay trouué en vng liure.
Dites moy, Dame noble et bonne,
L'aduance, si ferez aumosne. »

Seruice pourquoi'te le die ;
Car aultrement feroy folie.
Mais quand tu l'auras deseruy,
En briefs motz ie te l'auray dy ;
Pource ne m'en demande plus ;
Ie n'ay que trop dit du surplus. »

Et quand i'eus entendu Nature
« Vueillez moy dire la manière
Comment le pourroy desseruir ;
Car à tousiours vous veulx seruir
Loyaument, sans ailleurs penser.
Ie ne vous puis recompenser,
Ne augmenter vostre richesse.
Seruice vous feray sans cesse,
Si me donnez tant noble auoir
Que des vostres me recepuoir. »

Adonc Nature respondit :
« Fils, tu sçay ce que ie t'ay dit ;
Mais si me croy, d'ore en auant
Pourras bien estre plus sçauant. »

— « Dame, dis-ie, par Dieu des Cieulx,
Ie voudrois bien estre cieulx
Qui doibt seruir pour tel affaire,
Tout son viuant, sans rien meffaire :
Vueillez moy donc vos plaisirs dire,
Car ie ne veulx rien contredire. »
Lors dit Nature : « Sans mesprendre,
Beau fils, il te conuient apprendre
A congnoistre les sept metaulx,
Dont le Mercure est principaulx ;
Leurs forces, leurs infirmitez

← Pas de génération sans corruption ni de vie sans mort, car les ténèbres précèdent la lumière.

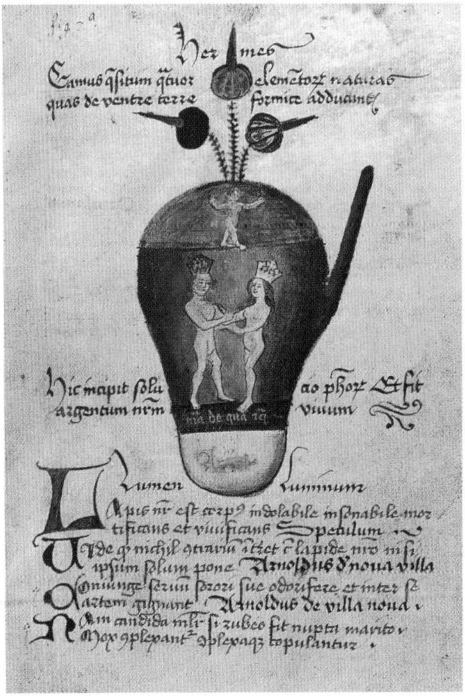

Le Roi et la Reine achèvent de se débarrasser mutuellement de leurs impuretés.

→ Conjonction ou Solution parfaite : les corps s'unissent et se dissolvent en un seul.

Lors respondit : « Plus n'en scauras,
Tant que desseruy tu l'auras. »
— « Hélas, dis-ie lors, Dame chière,
Et pour ce ie t'en fais memoire
Que tu le tiennes pour notoire :
Car sur toutes pierres du monde,
Vertu dedans la nostre abonde ;
Et pour ce doibt faire debuoir
De gaigner vng si noble auoir.
Si tu me veulx bien ensuiuir
A ce poinct pourras aduenir.

Apprens bien, si feras que sage.
Car ie t'ay dit jà tout l'vsage ;
Au four tu le pourras bien veoir
Auquel doibt estre ton auoir :
Faisant par vng certain atour,
De putrefaction le tour.
Et variables qualitez.
Après apprendre te conuient
Dont soulphre, sel, et huyle vient,
De quoy nous te faisons memore,
Qui te fera mestier encore.
Moult est le soulphre necessaire,
Et si te donra prou à faire.
Sans sel ne peulx mettre en effect
Vtile chose pour ton faict.
D'huyle tu as mestier moult grant ;
Sans luy ne feras faict flagrant.
De ce te doy bien souuenir
S'à nostre œuure veulx paruenir.

« Vng mot te diray, or l'entend,
De quoy tu seras bien content :
Vng metal en vng seul vaissel
Te conuient mettre en vng fournel.

Converte naturas quatuor Arnoldus
elemetorum et q[uod] queris invenies Arnoldus
Converte nat[ur]as: et facies corp[us] sp[iritu]m i[n] n[ost]ro magisterio
Primo facim[us] de grosso gracile et de corp[or]e aq[uam]
Et p[ost]ea facim[us] de sicco humidu[m]. et dein[de]
facimus de aqua corpus Ista q[uod] corp[or]ea fiant i[n]corp[or]ea

← Ici s'affrontent les principes contraires de l'Œuvre, Soleil et Lune, c'est-à-dire Soufre et Mercure (des philosophes). Le Lion et le Griffon correspondent respectivement au fixe et au volatil ; ainsi la serre du Griffon reposant sur la patte du Lion indique subtilement l'initiale dominationde la femelle sur le mâle.

→ « La solution philosophique, dit Pernety, est la conversion de l'humide radical fixe en un corps aqueux. La cause qui produit cette solution en est l'esprit volatil caché dans la première eau. Quand cette eau a fait la solution parfaite du fixe, elle est appelée fontaine de vie, nature, Diane nue et libre. »

Plus t'ay appris que de ces pars
Ton œuvre demeure en deux pars ;
De ce rien plus ne te diray
Iusques en toy veuë i'auray
Or te vueil ie dire de l'or,
Qui des metaulx est le thresor,
Il est parfaict ; nul ne l'est plus
De ceulx que i'ay nommé dessus.
La Lune l'est, et ne l'est mie ;
De vray ie le te certific.
Il n'y a qu'vng metal au monde,
En qui nostre Mercure abonde,
Et si est en tous sept trouué ;
Moult bien ay cecy esprouvé.

L'or est chaud et sec par droicture ;
La Lune est froide en sa nature ;
Saturnus est pesant et mol ;
En ce peult il ressembler Sol ;
Plusieurs clers de parler ignei,
Le veulent nommer or mesel.
Venus bien la Lune ressemble
En paix et en forger ensemble.
Mercure froid et humide est ;
Tesmoing est lupin qui en naist.
Mars est dur, et pesant, et froid ;
Des aultres tous c'est le conroit.
Soit leur nature dure ou tendre,
Il les conuient tous sept comprendre,
Comme les ay nommez dessus,
Et congnoistre bien leurs vertus :

C'est Mercure que ie t'expose,
Et si n'y fault nulle aultre chose.
Mais, pour l'abregement de l'œuure,
De poinct en poinct te le descœuure.
(Ie ne sçay si en as memoire),
Qu'en deux parties gist ton œuure.
Moy Nature le te descœuure.
Fay ton soulphre penetratif
Par feu deuenir attractif ;
Et puis lui fay manger sa mere,
T'auras accomply nostre affaire.
Mets la mere au ventre à l'enfant,
Qu'elle ha enfanté par-deuant ;
Puis si sera et pere et fils,
Tout parfaict de deux esperits
Pour vray il n'en est aulire chose,
Fors ce que cy ie t'en expose ;
Et si tu y veulx adiouster
Chose estrange, ou administrer
Soulphre, sel, huyle, n'aultre riens,
Pour voir, ton faict ne vauldra riens.
Car terre si ne peult porter
Aultre fruict qu'on y veult semer.
Creature faict creature
Et beste, beste à sa nature ;
Ainsi est de toutes semences.
Tiens ce propos de mes sciences.
Beau fils, ne dy que ce soit gale ;
Il fault que tout monte et auale
Par vng chemin moult gratieux,
Moult plaisant et moult amoureux ;

F. SOLVTIO PERFECTA III.

Aqua

← L'apparition, tant espérée, de la couleur noire signale le commencement de la putréfaction et de l'entière dissolution de la Matière.

Et par ce poinct après feras
De Mercure ce que vouldras. »
— « Las, dy-ie, Dame, il sera faict.
Dites moy l'aduance du faict,
Et comment pourray retraicter
Ce qu'ay veu en vostre vergier.
Car oncques mais puis que fus né,
Ie ne fus tant enamouré
De chose nulle de ce monde.
Ie croy que vertu y abonde :
Ie le tiens pour secret de Dieu,
Qui reuelé soit en ce lieu. »
Lors dit Nature : « Tu dis voir,
Et c'est du monde tout l'auoir ;
Car de ma fontaine prouient
Grand'richesse, d'où l'honneur vient
Au monde en diuerse maniere.
A plusieurs suis comme miniere.
Et pource que tu es venu
Icy sans aulcun reuenu,
Et que tu as volonté bonne
De labourer comme personne,
Desirant bon-heur rencontrer,
L'aduance ie te vueil monstrer.
Dit t'ay au chapitre notoire
Que deuant, pour bien gouuerner :
Quand ton soulphre sera mangié,
Ton Mercure mortifié,
Tien le en prison quarante iours ;
Et puis tu verras tes amours ;
Et Dieu t'en laisse si bien faire,
Que Paradis puisses acquerre.
Tu vois icy bien ordonnée
La nostre eaue pure ordonnée,
Tout ainsi va que la rosée.
En l'air du Ciel la fault monter,
Et puis doulcement aualer
Par vng tresamoureux sentier,
Lequel on doibt bien retraicter.
En la descente qu'elle faict,
Enfante le soulphre parfaict ;
Et si à ce poinct peulx venir,
Tu peulx bien dire sans mentir
Que d'or pourras avoir sur terre
Grande quantité sans meffaire.
Car si toute la mer estoit
De metal, tel qu'on le vouldroit,
Cuyure, Argent vif, Plomb ou Estain,
Et tu en misses vng seul grain
Dessus, quand seroit eschauffée,
Il en soudroit vne fumée
Qui mentoit merueilleux arroy ;
Et après se tiendroit tout coy ;
Et puis quand seroit appaisée
La fumée, et tout accoisée,
La Mer trouueroit plus fin or,
Que nul roy ayt en son thresor.
Or vueil au propos retourner
Lors montera de terre és cieulx,
Et descendra deuant tes yeulx,
Receuant vertu souueraine
Auecq sa force terrienne.
Ainsi paruiendras à grand' gloire,
Par tout le monde ayant victoire ;
C'est des forces toute la force.
Là où maint se peine et efforce,

Apollon, qui n'est autre que le Soufre des Sages, bande son arc en direction des Muses : un geste qui se réfère à la fixation du volatil. Les Muses sont en effet considérées par les alchimistes comme le symbole des parties volatiles de la matière de l'œuvre hermétique.

→ Phinée aveugle, livré par les dieux à la méchanceté des Harpies qui infectaient sa nourriture, en fut délivré par deux des Argonautes, Zéthès et Kalaïs, fils de Borée, qui les chassèrent. Phinée, reconnaissant, leur enseigna la route à suivre pour atteindre la Colchide et retourner chez eux. Les Harpies, sœurs d'Iris, ne tourmentent Phinée que lorsqu'il est aveugle, car la volatilisation ne s'effectue qu'après la noirceur de la putréfaction (ou cécité de Phinée). La noire dissolution étant la clef de l'œuvre, Phinée est devin, c'est-à-dire que l'Artiste peut prédire la suite des opérations. Les cornes de Bélier correspondent à la calcination qui est une « lessive » dont la parfaite signature est la Blancheur ou Nudité.

La prison que ie t'ay nommée ;
Par foy la te baille en figure.
Or te souuienne de Nature,
Qui t'a voulu administrer
Si noble don, et reueler
La science tresadmirable
Et en ce monde venerable.
Aultrement ne peult estre faicte
La pierre que ie t'ay retraicte.
Voy doncques bien les escriptures
De nos liures, où par figures
Demonstrée est ceste science,
Qui est la fleur de sapience :
Vraye chose sans nulle fable,
Trescertaine et tresveritable.
Le dessoubs si est tout semblable
A ce qui est dessus muable,
Pour perpetrer à la fin close
Miracle d'vne seule chose.
Les subtiles choses vaincras
Et les dures transperceras.
Merueilles sont moult conuenables,
Dont auons les raisons notables. »

Mon nom est Iehan la Fontaine.
Trauaillant n'ay perdu ma peine ;
Car par le monde multiplie
L'œuure d'or que i'ay accomplie
En ma vie, par verité,
Graces à Saincte Trinité,
Qui de tous maux est medicine
Vraye, et par effect la plus fine
Qu'on peult en aulcune part querre,
Soit en mer, soit en toute terre,
Et du metal impur l'ordure
Chasse, tant qu'en matière pure
La rend : c'est en metal tresgent
De l'espece d'or ou d'argent.

MARS

Il bellicoso marte sempre infiama
Li animi alteri al guerreggiare et sforza
Per questo hor quello ne satia sua brama
In lacquistar: ma piu sempre rinforza :-

Représentant le blanc le plus pur, la Lune succède à la queue de paon, comme on peut observer que les couleurs du spectre optique vont donner la lumière blanche.

← De Mars rayonne son successeur, Sol, le Soleil, tandis que les anneaux extérieurs montrent le rouge émergeant du blanc.

Comme de seule chose furent,
Et par la pensée d'vng creurent
Toutes les choses que sont nées,
Si nos œuures sont d'vng créées.
Le beau Soleil en est le pere,
Et la Lune la vraye mere ;
Le vent en son ventre le serre ;
Sa nourrice si est la terre ;
Le pere est du thresor du monde ;
Et grant secret icy se fonde:
Sa force si est toute entière.
Quand il retourne en terre arrière,
Separe la terre du feu
Par engin et én propre lieu ;
Et doulcement le gros despart
Du subtil, que tiendras à part.
L'œuure se faict par ce moyen ;
Et si n'y fault nul autre engien ;
Selon mon petit sentiment
Le trouue veritablement.
Pource veuil-ie nommer mon liure,
Qui dit la matiere, et deliure
L'artifice tant pretieux :
La fontaine des amoureux
De la science tres-utile,
Descripte par mon petit stile.
Faict fut par amoureux seruage
Lorsque n'estoye ieune d'aage
En l'an mil quatre cent et treze,
Que i'auoye d'ans deux fois seize.
Comply fut au mois de Ianuier,
En la ville de Montpelier.

Dans l'édition de Lyon, Pierre Rigaud, 1618, on lit ce qui suit :

QUELQU'VN ADIOUSTE
Ci finist Iean de la Fontaine
Qui, tenant icelle œuure hautaine,
Comme vn don de Dieu tres-secret,
Doit faire tout homme discret.
Tout l'art qui est de si grand prix
Peut estre en ces deux vers compris :
Si fixum soluas, faciasque volare solutum,
Et volucrem figas, faciet te viuere tutum.

NOTES

1. Pierre-Jean Fabre, *Les Secrets Chymiques*, Paris, 1636.
2. Manuscrit anonyme de la Bibliothèque apostolique vaticane, intitulé *Le trezor des trezors du sieur Christoffe de Gamon* (XVIIe siècle), Vat. Lat. 8222. Au moment de mettre sous presse, Eugène Canseliet nous signale amicalement que l'auteur du commentaire est Henri de Linthaut.
3. *Le Grand Œuvre dévoilé en faveur des enfans de la lumière*, traduit du chaldaïque par M. Coutan, Amsterdam, Paris, 1775.
4. Fulcanelli, *Les Demeures philosophales*, Paris, 1930. Ne pouvant nous étendre plus longuement, dans le cadre restreint de ce livre, nous renvoyons le lecteur aux ouvrages de Fulcanelli et à ceux d'Eugène Canseliet qui surent révéler d'une manière incomparable les principes de cet « argot » magique.
5. En effet, l'iconographie hermétique révèle ce que les textes ont tu soigneusement. Les philosophes l'admettent volontiers. Ainsi l'on peut lire après le mot « fin », dans le manuscrit 973 de la bibliothèque de l'Arsenal : « Reste à enseigner de vive voix la matière première et la matière seconde, les auteurs ne l'ont jamais nommée dans leurs écrits, mais ils l'ont seulement dépeinte par leurs figures hiéroglyphiques. »
6. « … Ainsi faisant cette faute, ils ne produisent que des sophistications dont la moindre est quelquefois sufisante de faire gagner à son maître le paradis par Escalade », Ms Vat. lat. 8222.
7. Ms. Vat. lat. 8222.
8. Salmon, *Bibliothèque des Philosophes (chymiques) ou Recueil des Auteurs les plus approuvez qui ont écrit de la Pierre Philosophale*, Paris, 1672.
9. « Le but qu'ils poursuivaient présentait quelque analogie avec celui des alchimistes, mais les matériaux et les moyens dont ils disposaient pour l'atteindre étaient uniquement des matériaux et des moyens chimiques. Transmuer les métaux les uns dans les autres ; produire l'or et l'argent en partant de minerais vulgaires ou de composés métalliques salins ; obliger l'or contenu potentiellement dans l'argent, l'argent dans l'étain, à devenir actuels et extracibles, voilà ce que l'archimiste avait en vue. C'était en définitive un spagyriste cantonné dans le règne minéral et qui délaissait volontairement les quintessences animales et les alcaloïdes végétaux. » Fulcanelli, *Les Demeures philosophales*.
10. Fulcanelli, *op. cit.*
11. Le Cosmopolite, *Nouvelle Lumière Chymique*, Paris, 1669.
12. « Et ne se mocqueroit-on pas d'un homme qui s'opiniâtreroit d'aller de Paris à Orléans en prenant le chemin de Senlis, au lieu de celuy d'Étampes, qu'on luy auroit enseigné ? », Salmon, *op. cit.*
13. Dom Antoine-Joseph Pernety, *Dictionnaire mytho-hermétique*, Paris, 1787 (réédité par René Alleau chez Denoël en 1972).
14. Alexandre-Toussaint Limojon de Saint Didier, *Lettre aux vrays Disciples d'Hermès dans le Triomphe Hermétique*, Amsterdam, 1699.
15. Le symbolisme du Bélier serait à étudier sous plus d'un rapport. Faute de place, rappelons simplement ici que le hiéroglyphe céleste du Bélier correspond en stéganographie au nom vulgaire du sujet des Sages.
16. Eugène Canseliet, *L'Alchimie expliquée sur ses textes classiques*, Paris, 1972.
17. Ms Vat. Lat. 8222.
18. Ms. Vat. Lat. 8222.
19. *Lettre aux vrays Disciples d'Hermès…*, *op. cit.*
20. Limojon de Saint Didier, *Entretien d'Eudoxe et de Pyrophile sur l'ancienne guerre des Chevaliers dans le Triomphe Hermétique*.
21. Fulcanelli, *Les Demeures philosophates*, *op. cit.*
22. Nous faisons allusion à toutes ces théories de personnes qui n'ont encore (sinon toujours) qu'une connaissance superficielle de l'alchimie.
23. *L'Alchimie expliquée sur ses textes classiques*, *op. cit.*
24. Voir la *Vigne des Sages*.
25. Basile Valentin, *Les Douze Clefs de la Philosophie*. Cette image qui ne figure pas dans notre ouvrage, le lecteur pourra s'en faire une idée en examinant la gravure de Mylius (p. 98, n° 5), malheureusement moins éloquente, car le tonneau est remplacé par une cuve. Dans l'un et l'autre cas, les récipients contenant le « feu » sont camouflés en fourneaux, mais ce déguisement ne fait pas longtemps illusion.
26. D'où le nom *vibrisses*, synonyme des moustaches félines.
27. « X (z) le Signe de la lumière. Le dialecte picard, gardien, comme le provençal, des traditions de la langue sacrée, a conservé le son dur primitif Ka pour désigner le chat. »
28. *Les Demeures philosophales*, *op. cit.*
29. Il est de fait profitable de méditer l'évidente mais néanmoins profonde analogie qui existe entre le processus alchimique et celui de la Nature, favorisant l'éclosion de l'Œuf.
30. Nicolas Flamel, *Le Livre des Figures Hieroglyphiques*, Paris, 1612.
31. Aeyrenaeus Philalethes, *An Exposition upon Sir George Ripley's Vision*, dans *Ripley Revived*, Londres, 1677. Ce texte a été réédité par l'auteur de ces lignes dans la version anglaise de son livre, parue chez Thames & Hudson (Londres, 1973).
32. Fulcanelli, *Les Demeures philosophales*, *op. cit.*
33. Limojon de Saint Didier, *Lettre aux vrays Disciples d'Hermès*, *op. cit.*
34. « Encore cette définition conviendrait-elle plutôt à l'archimie ou voarchadumie, partie de la science qui enseigne la transmutation des métaux les uns dans les autres, qu'à l'alchimie proprement dite. »
35. *Les Demeures philosophales*, *op. cit.*

→ Le Guerrier hermétique est le médiateur salin unissant l'eau ignée et le feu aqueux afin que des deux « eaux » il n'en soit plus qu'une, qui possède à la fois les qualités de l'une et de l'autre. Son sabre est une allusion au feu secret des Philosophes tandis que son armure reflète la succession des couleurs de l'Œuvre.

EX
DUABUS
AQUIS
UNAM
FACITE
&c.

ALCHIMIE | *Thèmes:*

IOANNIS DANIELIS MYLII
T. & Med. Candidati VVettera-
ni Haßi

PHILOSOPHIA
REFORMATA

Continens Libros binos.

I. Liber in ſeptem partes diuiſus eſt.

Pars 1. agit de generatione metallorum in viſceribus terræ.
2. tractat principia artis philoſophicæ.
3. docet de ſcientia Diuina abbreuiata.
4. enarrat 12. grad. ſapientũ philoſoph.
5 declarat Amb. in hac Diuina ſcientia.
6. dicit de Recap. Artis Diuinæ Theori.
7. ait de Artis Diuinæ Recap. Practica.

II. Liber continet authoritates Philoſophorum.

FRANCOFVRTI apud Lucam Iennis,
Anno M. DC. XXII.

Baltzer Schwan fecit.

L'ART ROYAL OU SACERDOTAL

Jean-Daniel Mylius publia en 1622 à Francfort, chez Lucas Jennis, un important traité intitulé *Philosophia reformata*. Cet ouvrage très rare est d'autant plus précieux pour nous qu'il est orné de nombreuses gravures traitant avec maîtrise et originalité les thèmes fondamentaux de l'alchimie traditionnelle. Ces petits chefs-d'œuvre de la gravure hermétique eurent beaucoup de succès auprès d'autres alchimistes qui s'en servirent pour illustrer leurs propres traités. C'est ainsi que cette série se retrouve dans l'édition allemande du Crede Mihi de Northon et dans le Viatorium Spagyricum de Jamsthaler. Nous avons été en mesure de reproduire toutes ces illustrations à leur format d'origine, ce qui n'avait jamais été fait jusqu'ici en France. Nous n'avons omis qu'une illustration, d'un format différent et d'ailleurs très souvent utilisée dans les ouvrages modernes. Chacune de ces gravures mérite autant l'attention admirative que celles des célèbres ouvrages de Michel Maïer et de Basile Valentin. Le lecteur y reconnaîtra plusieurs des symboles qui lui ont été présentés au cours de cet ouvrage : les quatre éléments, le Lion vert : mercurial dissolvant, le mercure philosophique ou double mercure, les oppositions soufre et mercure, fixe et volatil, et leurs résolutions par les conjonctions : amours et morts, suivies de résurrections, etc. Il serait dérisoire d'essayer en quelques lignes d'en faire l'exégèse. Nous rappellerons donc au lecteur que la vraie connaissance de cette science s'acquiert par la divine intuition, elle-même le fruit magique de l'âme imprégnée de Beauté.

J.D. Mylius, *Philosophia reformata*, 1622, British Museum, Londres (département des Imprimés), 1033. i. 7, pp. 96, 107, 117, 126, 167, 190, 216, 224, 243, 262, 281, 300, 316, 354, 359, 361.

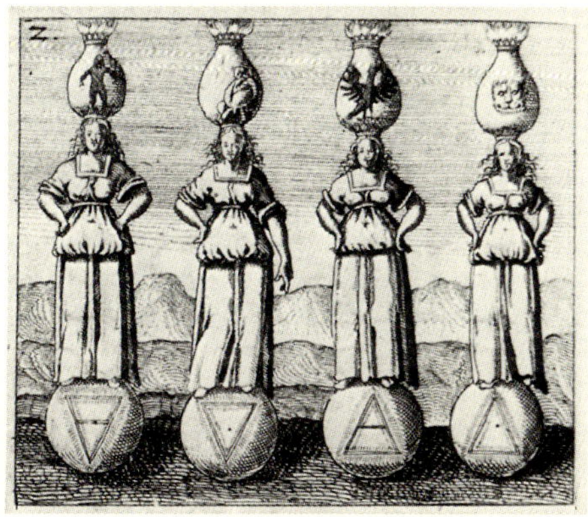

5
Calcinatio.

6.
Solutio.

7.
Separatio.

8.
Coniunctio.

9
Putre
factio.

10
4. Gradus.

11.
Congelatio.

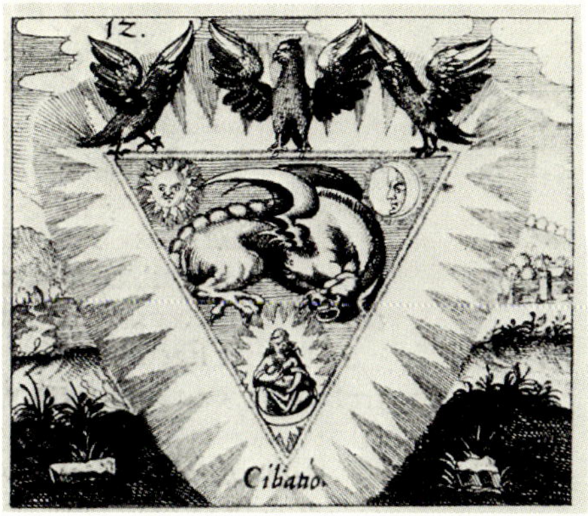
12.
Cibatio.

13.
Sublimatio.

14.
Fermentatio.

15.
Exaltatio.

16.
Multiplicatio.

17

18

19

20

21.

22

23.

24.

25.

26.

27.

28.

I.

2.

4.

6.

7.

8

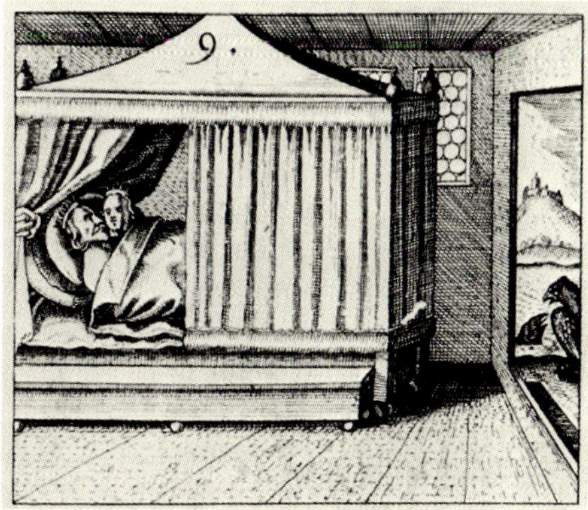
9.

10.

11.

12.

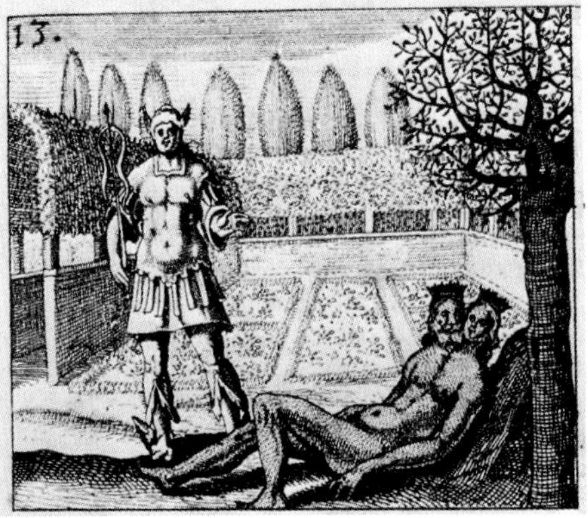
13.

14.

15

16.

17.

18.

19.

20.

2.

3.

4.

5.

6.

7.

8.

9.

10.

11.

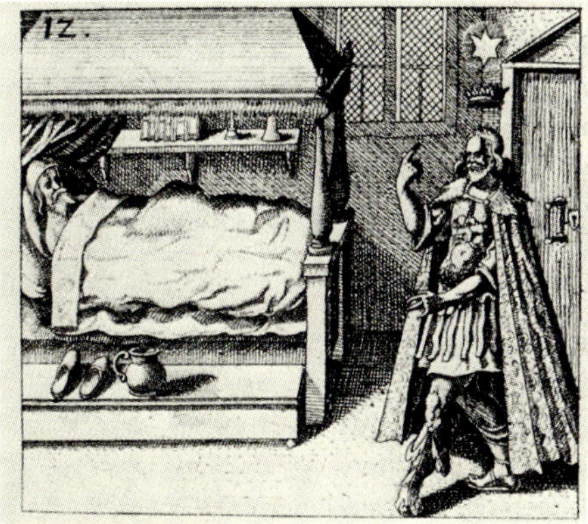
12.

13.

TRANSMIGRATION ÉTERNELLE

Ce beau manuscrit du XVIIIe siècle illustre avec une singulière originalité les applications alchimiques de l'antique théorie des quatre éléments. « Sçachez donc, écrit Nicolas Flamel, que ceste science est cognoissance des quatre Éléments et des temps et qualitez d'iceux mutuellement et reciproquement changees l'un en l'autre : de quoy les Philosophes sont tous d'accord. Et Sçachez qu'en toutes choses créées dessous le Ciel, il y a quatre Elements, non pas visibles à la veüe, mais par effect, au moyen dequoy les Philosophes, sous couverture de la doctrine elementaire, ont baillé et montré ceste science, et en ont ouvré… » (*Thresor de Philosophie*).

Bien qu'il s'agisse d'éléments non vulgaires, il est utile de savoir qu'ils se peuvent combiner selon leurs qualités : la chaleur combinée à la sécheresse donne le feu ; la chaleur à l'humidité, l air ; le froid à la sécheresse, la terre ; le froid à l'humidité, l'eau. Les chimistes vulgaires ont condamné ce mode « simpliste » de formuler les choses, car, interprétant à la lettre les écrits des Philosophes, ils s'étaient essayés à de stériles opérations, aussi compliquées qu'alchimiquement inexactes. « Mais les élémens des Philosophes sont tout à fait différens, précise Pernety ; leurs opérations sont celle de la Nature et non de la Chymie vulgaire ; leur feu est renfermé dans leur terre et ne s'en sépare point, et leur air est contenu dans leur eau. Ils n'ont donc que deux élémens visibles, dont il faut faire la conversion… » (*Dictionnaire mytho-hermétique*).

Ajoutons que ce manuscrit de la Bibliothèque de l'Arsenal illustre cette conversion des éléments par une série d'opérations diverses qui n'en font qu'une : la décoction ou circulation sublimatoire, dont la double phase (*Solve et Coagula*) se traduit d'une manière évidente par les mouvements de la colombe en vol (synonyme de l'aigle). On conviendra qu'il était nécessaire de publier — et cela pour la première fois — l'ensemble de ces précieuses images.

Sapientia veterum philosophorum sive doctrina eorundem de summa et universali medicina, manuscrit du XVIIIe siècle, Bibliothèque de l'Arsenal, Paris, Ms. 974, figs i–xxxvi, xxxix, xl.

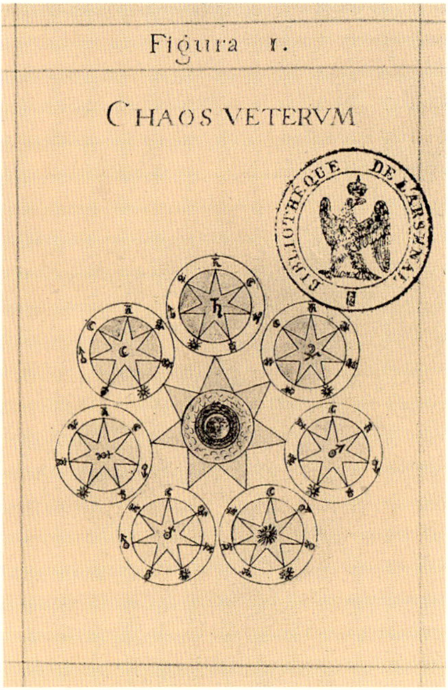

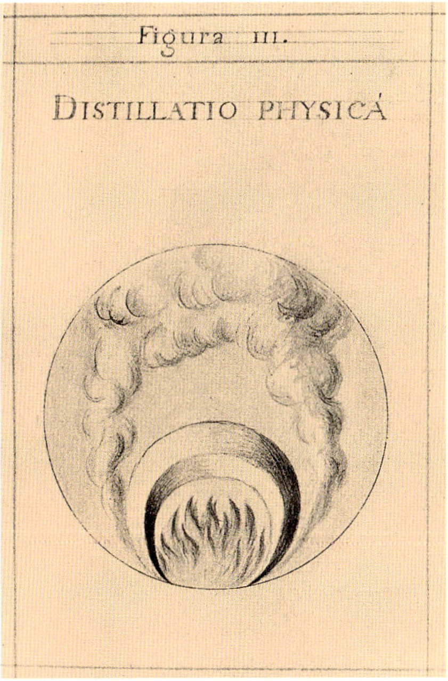
Figura III.
DISTILLATIO PHYSICÁ

Figura IV.
PRÆPARATIO PHYSICA

Figura V.
DE DIVISIONE

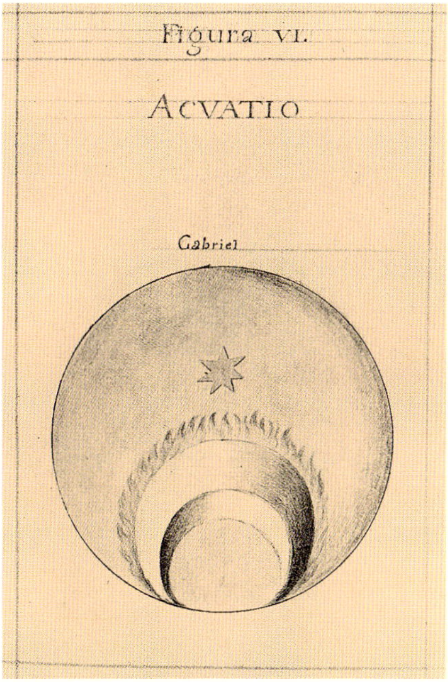
Figura VI.
ACVATIO
Gabriel

Figura VII.
LEO VIRIDIS

Figura VIII.
COITVS
Virtutes

Figura IX.
LAPIS TRI-VNVS

Figura X.
CALCINATIO

Figura XI.
SVBLIMATIO

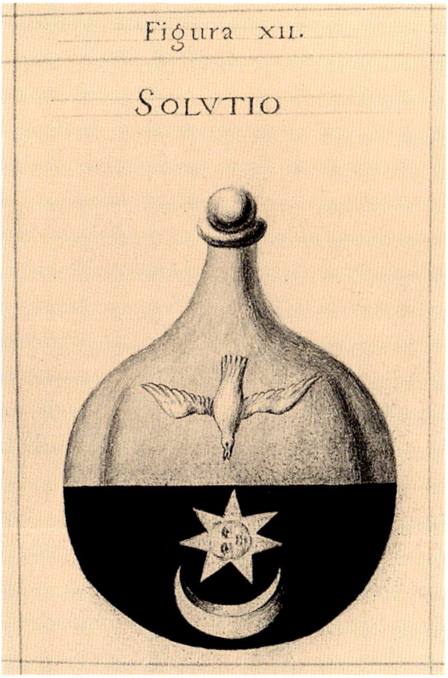
Figura XII.
SOLVTIO

Figura XIII.
GENERATIO

Figura XIV.
PVTREFACTIO

Figura XV.
CONCEPTIO

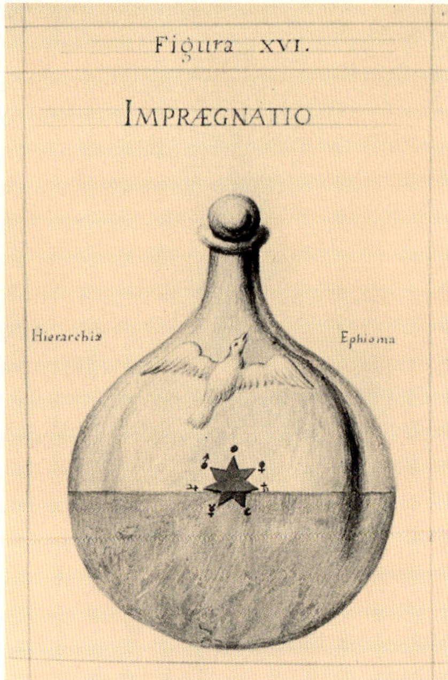
Figura XVI.
IMPRÆGNATIO
Hierarchiæ
Ephioma

Figura XVII.
FERMENTATIO

Figura XVIII.
SEPARATIO
Ignis
Aër
Aqua
Terra

Figura XIX.
CONIVNCTIO
Ignis
Aer
Aqua
Terra

Figura XX.
SEPARATIO
Aqua
Aër
Ignis
Terra

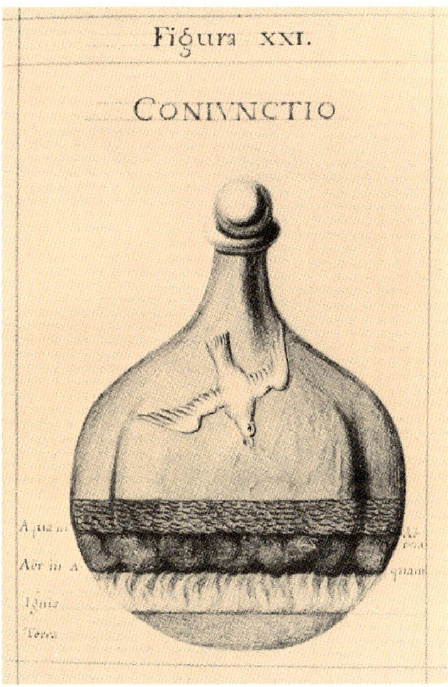
Figura XXI.
CONIVNCTIO
Aër in A
quam
Ignis
Terra

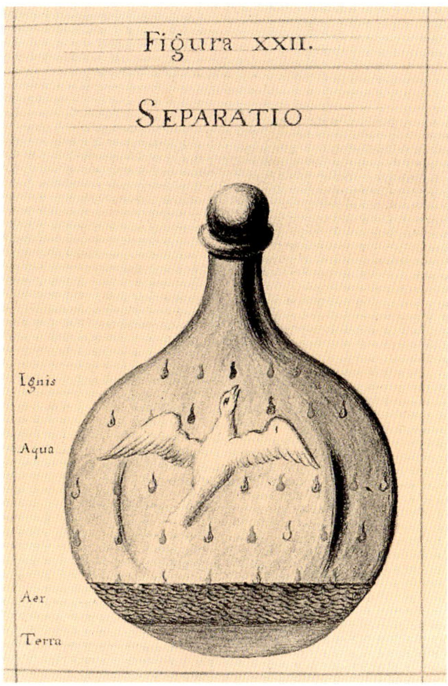
Figura XXII.
SEPARATIO
Ignis
Aqua
Aer
Terra

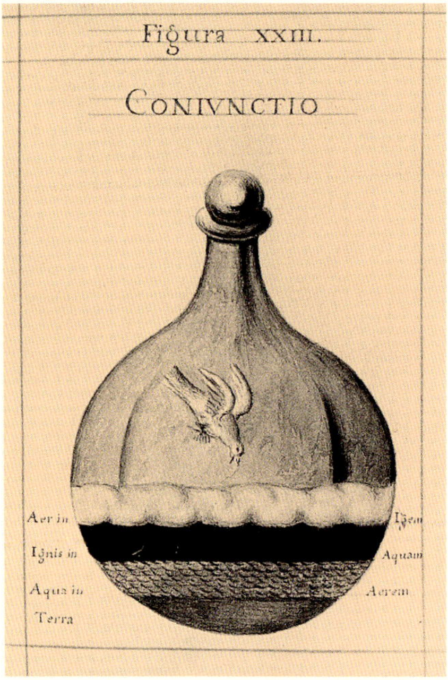
Figura XXIII.
CONIVNCTIO
Aer in
Ignis in
Aqua in
Terra
Ignem
Aquam
Aerem

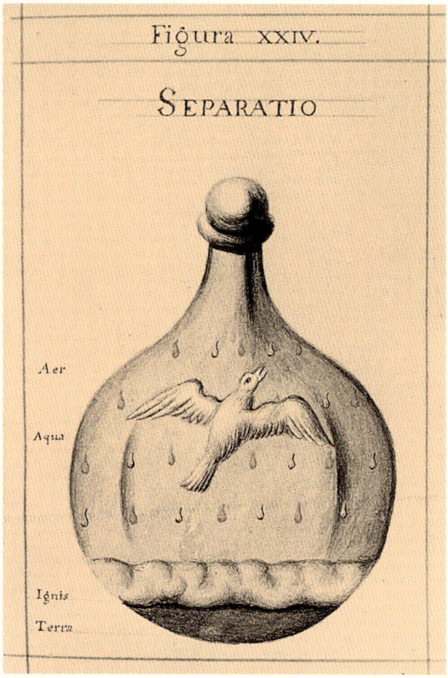
Figura XXIV.
SEPARATIO
Aer
Aqua
Ignis
Terra

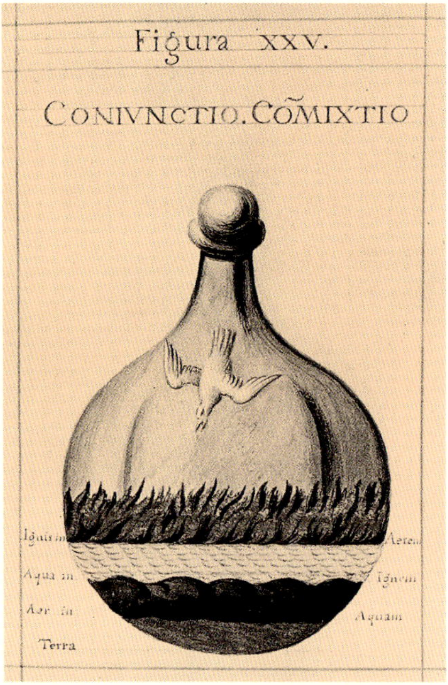
Figura XXV.
CONIVNCTIO. CŌMIXTIO
Ignis in
Aqua in
Aer in
Terra
Aerem
Ignem
Aquam

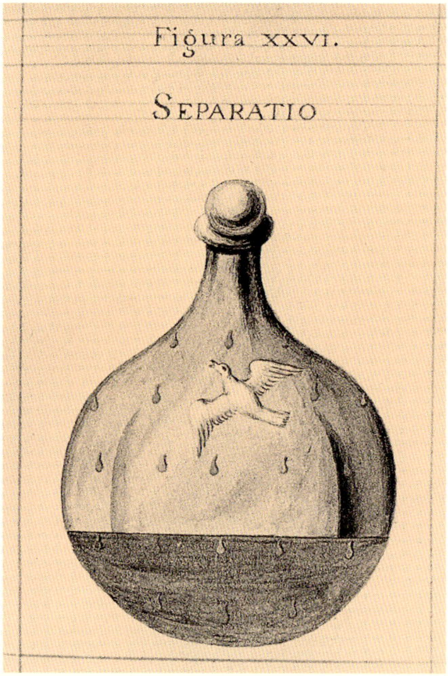
Figura XXVI.
SEPARATIO

Figura XXVII.
IGNIS INNATVRALIS

Figura XXVIII.
ORTVS

Figura XXIX.
FERMENTATIO

Figura XXX.
PVRGATIO

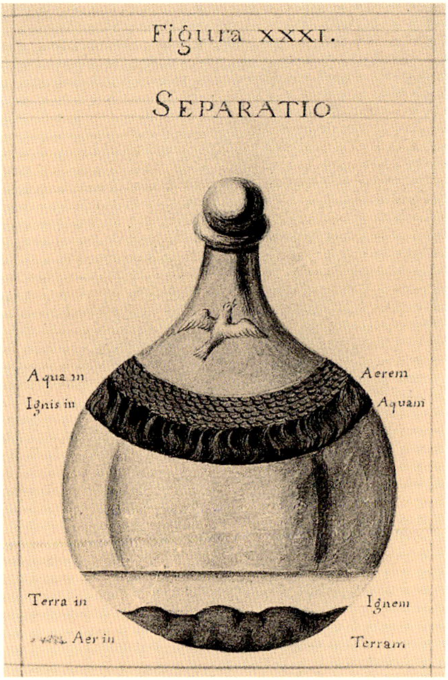
Figura XXXI.
SEPARATIO
Aqua in
Ignis in
Aerem
Aquam
Terra in
Aer in
Ignem
Terram

Figura XXXII.
CONIVNCTIO
Aër
Aqua
Ignis
Terra

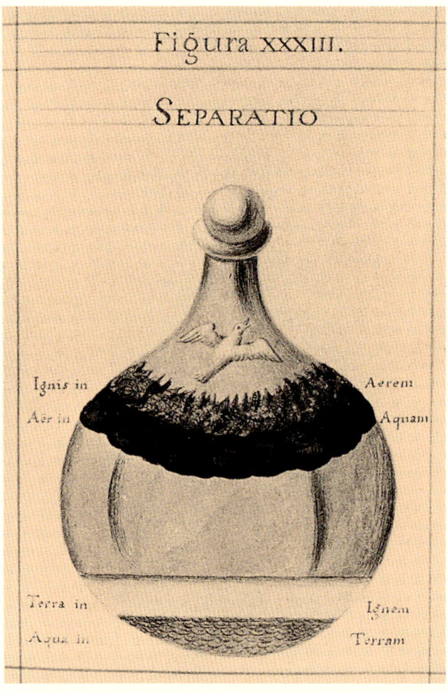
Figura XXXIII.
SEPARATIO
Ignis in
Aër in
Aerem
Aquam
Terra in
Aqua in
Ignem
Terram

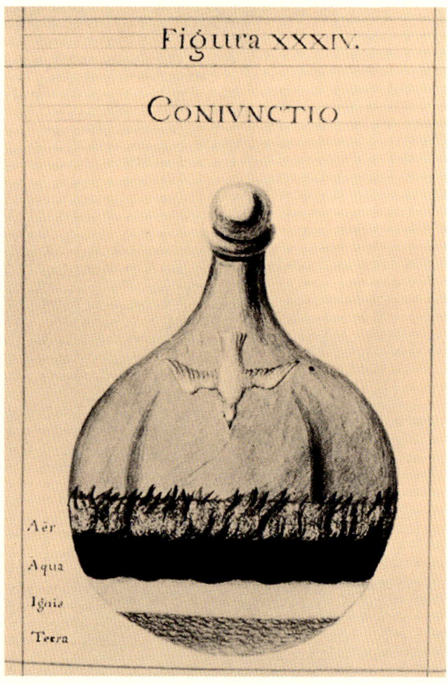
Figura XXXIV.
CONIVNCTIO
Aër
Aqua
Ignis
Terra

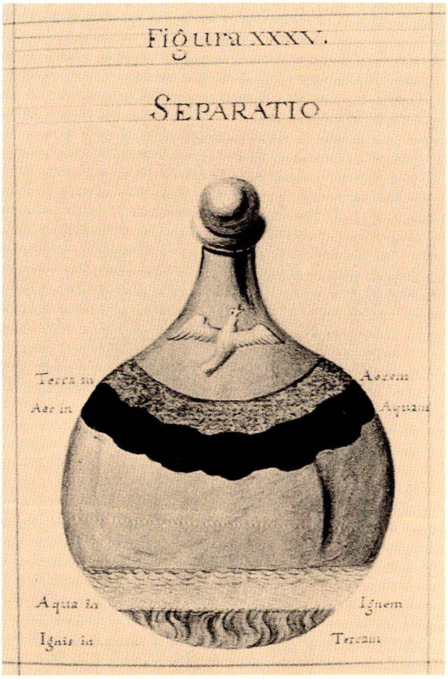
Figura XXXV.
SEPARATIO
Terram in
Aerem
Aer in
Aquam
Aqua in
Ignem
Ignis in
Terram

Figura XXXVI.
CONIVNCTIO

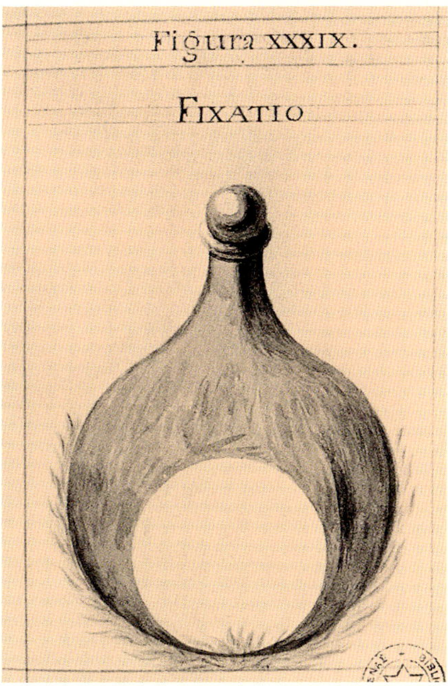
Figura XXXIX.
FIXATIO

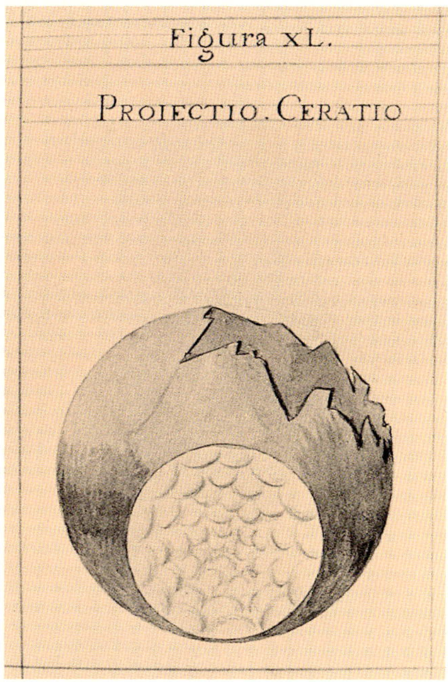
Figura XL.
PROIECTIO. CERATIO

LE PROCESSUS DE L'ŒUVRE

« Le premier eschellon estably des Alchimistes pour parvenir à la cime doree de nostre bel ouvrage, écrit Salomon Trismosin, s'appelle des plus experts en cet art Hermetique, Solution, qui requiert selon Nature mesme, que le corps soit bouilly iusques à parfaite coction. Tout nostre magistere n'est que cuire, coque, coque et iterum coque, nec te taedeat... Or cette Solutio n'est autre chose qu'un certain Ordre de quelq ; humidité coniointe avec le sec, proprement appellee Putrefactio, qui corrompt totallement la matiere et la rend du tout noire. Morien lui donne semblable effect avec pareille necessité de sa venue, pour esperer quelque chose de l'Œuvre, dont elle en est la Clef et le levain des Philosophes. S'il n'est, dit-il, pourry et noircy, il ne se dissoudra pas, et s'il ne se dissout, son eau ne se pourra glisser par tout le corps comme il doibt necessairement faire, ny le penetrer et le blanchir. Il faut mourir pour revivre comme le grain de bled qui ne produict et ne germe iamais à profit si premierement il ne meurt et ne se pourrit du tout » (*La Toyson d'Or ou la Fleur des Thresors*, Paris, 1612). Les images reproduites ci-contre nous montrent :
1) La dissolution du couple alchimique dans les ténèbres de la putréfaction. 2) La noirceur du noir plus noir que noir, les corps s'étant entièrement dissous en eau. 3) Les vers ou serpents s'entre-dévorant ; comme le fait observer Arnauld de Villeneuve, ils signifient que la corruption de l'un est la génération de l'autre.
4) L'enfant hermétique ; il apparaît à l'issue des ténèbres, c'est l'huile visqueuse des Philosophes, qui donne la teinture. 5) Les couleurs diverses ou Harpies ; Phinée en sera bientôt délivré par la fin de la putréfaction.
6) Le soufre philosophique ; c'est la Fleur, ou le dia- dème du Roi, qui s'élève des cendres de la matière calcinée.

Johannes Andreae, manuscrit du XVe siècle, British Museum, Londres, Sloane 2560, f. 8, 9, 10, 11, 12, 13.

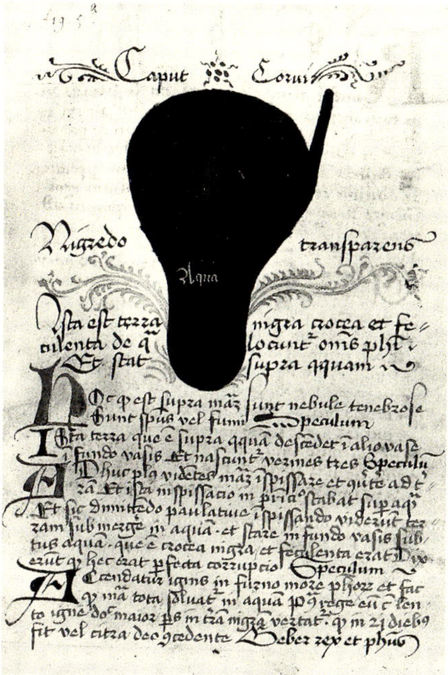
Caput Corui
Nigredo transparens
Aqua

fig. 6a
Caput Corui
Aqua
Arnoldus de noua villa

Sulphur phorum
Domus tenebrosa
Aqua
Arnoldus de villa noua

fig. 9a

DIAGRAMMES COSMIQUES

Le manuscrit *Sylva philosophorum* conservé en la bibliothèque de la Rijksuniversiteit de Leyde, aux Pays-Bas, est certainement l'un des plus remarquables joyaux de la vaste collection de manuscrits hermétiques que détient cette université (Codici Vossiani Chymici : 113 volumes). Son auteur en fait la description suivante (ci-contre, en haut) : « Ceci est un exposé de la Teinture universelle ou de la Pierre des Sages, par l'opération de la puissance de laquelle tous les métaux imparfaits peuvent être amenés à la durable perfection, en étant transmués en or et en argent. Que cet Art est infaillible et certain est démontré, en réfutation des détracteurs de ce noble secret, et rassemblé au profit des amants de la Nature, par Cornelius Petraeus de Hambourg, Étudiant de la Philosophie Hermétique. » Sur un autre parchemin (ci-contre, en bas) est reproduit un extrait du Deutéronome.

La première figure de la page 121 rappelle l'unité de la divine trinité, sa Trine Unité, et son omniprésence : tout dans tout. La seconde représente la création universelle, au centre de laquelle se trouve la Quinte-Essence dérivée des quatre éléments. La troisième démontre les moyens selon lesquels les éléments peuvent être combinés. La quatrième établit le parallèle entre Dieu et l'homme ; l'homme est lui aussi triple, en ce sens qu'il est composé d'un corps, d'une âme et d'un esprit. La cinquième (p. 122) démontre par le même procédé l'unité des trois règnes de la Nature et rappelle que dans la Nature toute chose produit son semblable. La sixième montre l'Ame au centre du triangle composé des oppositions, principes divers et qualités des trois règnes et de leurs correspondances inférieures et supérieures. La septième montre les trois feux et les trois principes de l'Œuvre, ainsi que le sperme ou menstrue qui en établit l'unité. La huitième et dernière figure représente l'élaboration de la Pierre philosophale par l'harmonieuse résolution de tous les principes opposés.

Cornelius Petraeus, *Sylva philosophorum*, manuscrit du XVIIe siècle, Bibliothèque de la Rijksuniversiteit, Leyde, Cod. Voss. chem. q.61, f.1, 4–12.

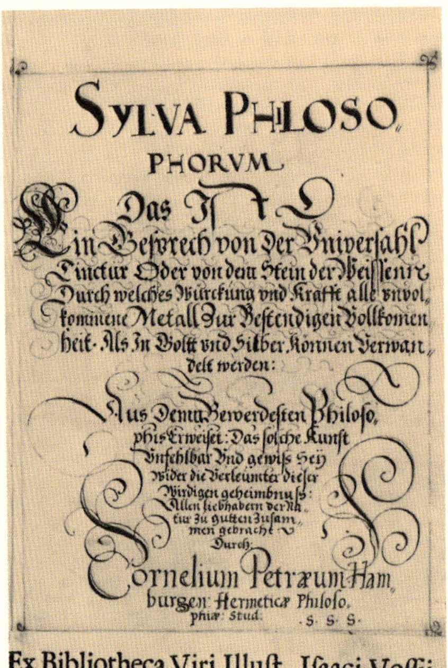

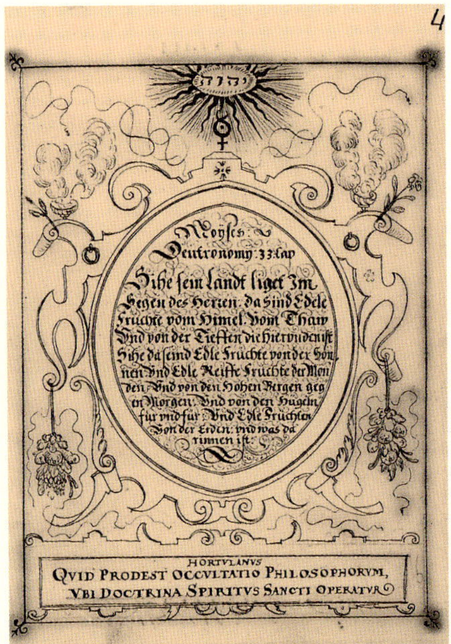

5.
·I· FIGVRA
DEVS EST TRINVS ET VNVS ET OMNIA IN OMNIBVS
SPIRITVS SANCT
DEVS
PATER
FILIVS
EST
NON EST
SANCTVS
DEVS EST VNVS, IN TRINITATE ET TRINVS, IN VNITATE

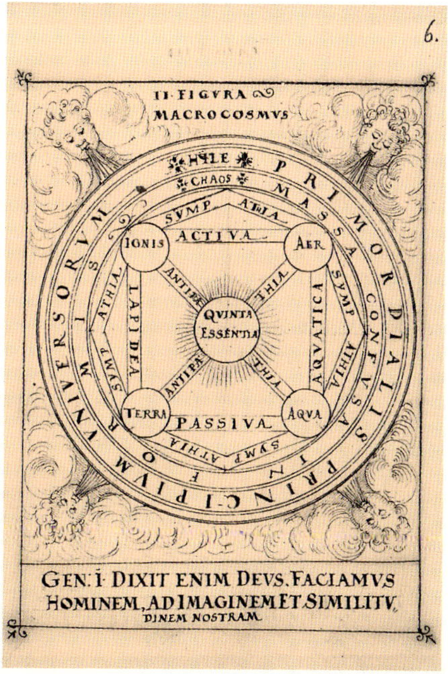
6.
II· FIGVRA
MACROCOSMVS
HYLE
CHAOS
PRIMORDIALIS MASSA CONFVSA IN PRINCIPIVM OMNIVM VNIVERSORVM
IGNIS
AER
TERRA
AQVA
ACTIVA
PASSIVA
QVINTA ESSENTIA
LAPIDEA
AQVATICA
GEN: I· DIXIT ENIM DEVS. FACIAMVS HOMINEM, AD IMAGINEM ET SIMILITVDINEM NOSTRAM.

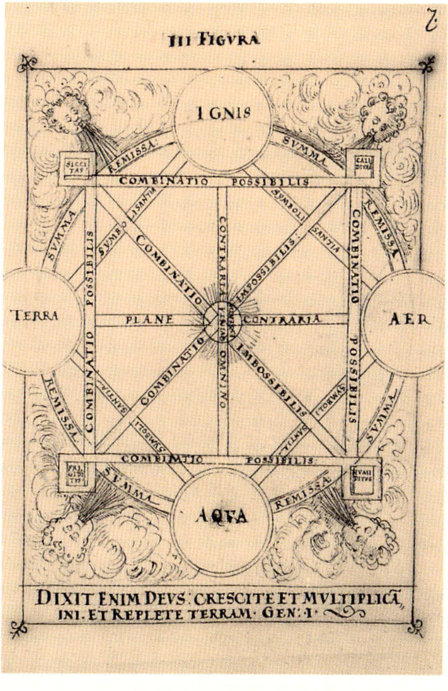
7.
III FIGVRA
IGNIS
TERRA
AER
AQVA
SVMMA
REMISSA
COMBINATIO
POSSIBILIS
CONTRARIA
PLANE
IMPOSSIBILIS
DIXIT ENIM DEVS: CRESCITE ET MVLTIPLICAMINI. ET REPLETE TERRAM· GEN: I·

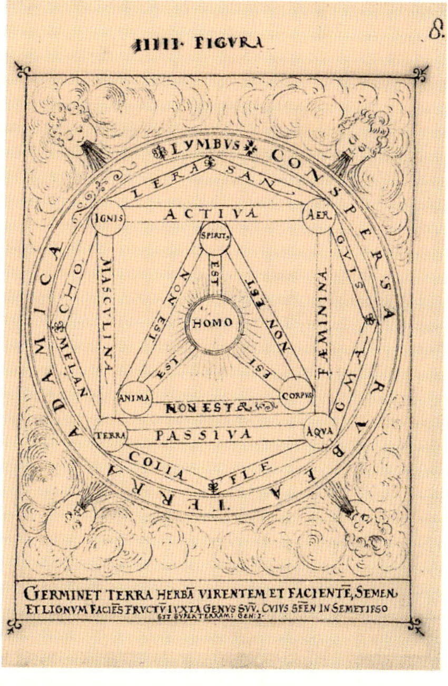
8.
IIIII· FIGVRA
LYMBVS
IGNIS
AER
TERRA
AQVA
ACTIVA
PASSIVA
HOMO
ANIMA
CORPVS
MASCVLINA
FÆMININA
NON EST
EST
GERMINET TERRA HERBĀ VIRENTEM ET FACIENTĒ SEMEN, ET LIGNVM FACIĒS FRVCTV IVXTA GENVS SVV. CVIVS SEEN IN SEMETIPSO

9.
IIIII FIGVRA
FRVSTRA DEVS ET NATVRA NIHIL FACIVNT
ANIMALIS
NATVRA
VEGETABILIS
MINERALIS
EST
NON EST
NATVRA EST QVÆDAM RES, INSITA REBVS
EX SIMILIBVS SIMILIA PROCREANS

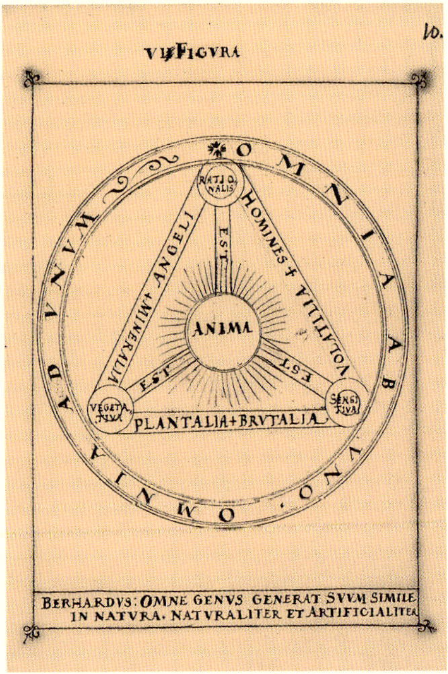
10.
VI FIGVRA
OMNIA AB VNO, OMNIA AD VNVM
RATIONALIS
ANIMA
VEGETATIVA
SENSITIVA
EST
ANGELI + MINERALIA
HOMINES + VOLATILIA
PLANTALIA + BRVTALIA
BERHARDVS: OMNE GENVS GENERAT SVVM SIMILE
IN NATVRA. NATVRALITER ET ARTIFICIALITER

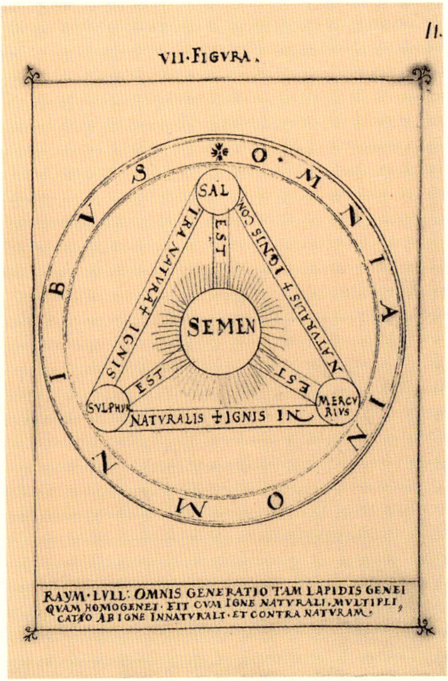
11.
VII·FIGVRA.
O·OMNIA IN OMNIBVS
SAL
SEMEN
SVLPHVR
MERCVRIVS
EST
NATVRALIS + IGNIS IN
RAYM·LVLL: OMNIS GENERATIO TAM LAPIDIS GENERI
QVAM HOMOGENEI· FIT CVM IGNE NATVRALI, MVLTIPLI,
CATIO AB IGNE INNATVRALI· ET CONTRA NATVRAM·

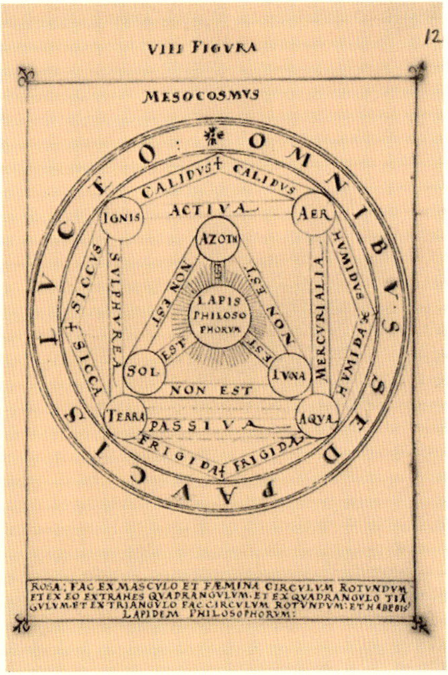
12.
VIII FIGVRA
MESOCOSMVS
O OMNIBVS SED PAVCIS LVCEO
IGNIS
AER
TERRA
AQVA
AZOTH
LAPIS PHILOSOPHORVM
SOL
LVNA
ACTIVA
PASSIVA
CALIDVS + CALIDVS
FRIGIDA + FRIGIDA
SICCA + SICCVS
HVMIDVS + HVMIDA
SVLPHVREA
MERCVRIALIA
EST
NON EST
ROSA: FAC EX MASCVLO ET FÆMINA CIRCVLVM ROTVNDVM
ET EX EO EXTRAHES QVADRANGVLVM, ET EX QVADRANGVLO TRIA
GVLVM, ET EX TRIANGVLO FAC CIRCVLVM ROTVNDVM: ET HABEBIS
LAPIDEM PHILOSOPHORVM:

LES OPÉRATIONS

Après avoir acquis une base théorique solide, il sera indispensable que l'amoureux de Science passe aux travaux pratiques du laboratoire. Pour cela, il lui faudra connaître à merveille l'ordre et le nombre des opérations, la nature de l'agent et celle du patient, afin qu'il réussisse leur mariage et qu'il en obtienne le produit. Agriculteur et boulanger céleste, notre philosophe par le feu devra labourer, semer, faire croître, moissonner, battre, moudre, faire la pâte, y ajouter le levain et cuire pour obtenir le pain des Sages. Si les Sages affirment que tout cela se fait avec une seule matière, dans un seul vase et par un seul moyen, c'est à la fois exact et inexact, car on ne parle alors que de la dernière partie de l'Œuvre. Il faudra savoir auparavant ce qui précède ce troisième œuvre. Deux voies principales se présentent à l'opérateur. L'une, la voie sèche, est réputée plus courte mais plus dangereuse ; les auteurs se sont montrés très réservés à son sujet et n'en parlent pour ainsi dire pas. Toutes leurs descriptions s'appliquent à la voie dite humide (images ci-contre) qui, beaucoup plus longue, réclame une longue patience mais est réputée très facile. Certains auteurs font allusion à une voie directissime utilisant la foudre, mais qui impliquerait la possession d'un corps incorruptible.

Manuscrit anonyme du XVe siècle, British Museum, Londres, Harley 2407, f. 106 v-111.

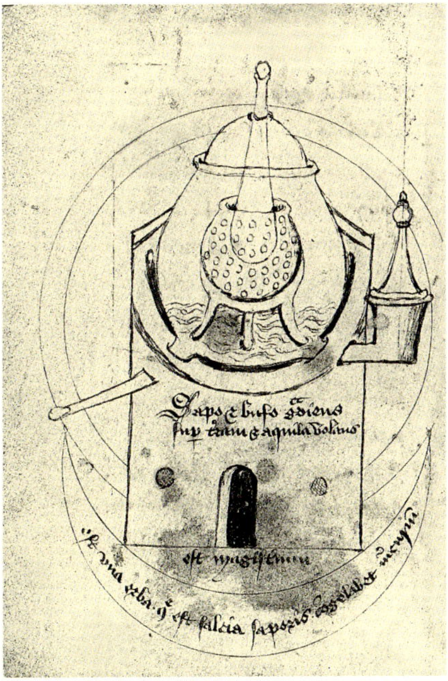

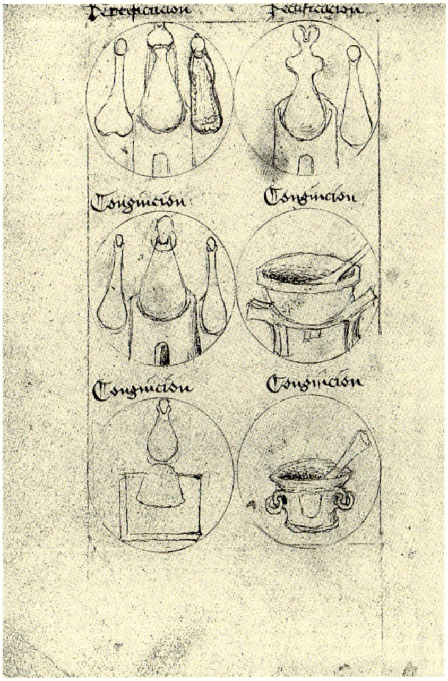

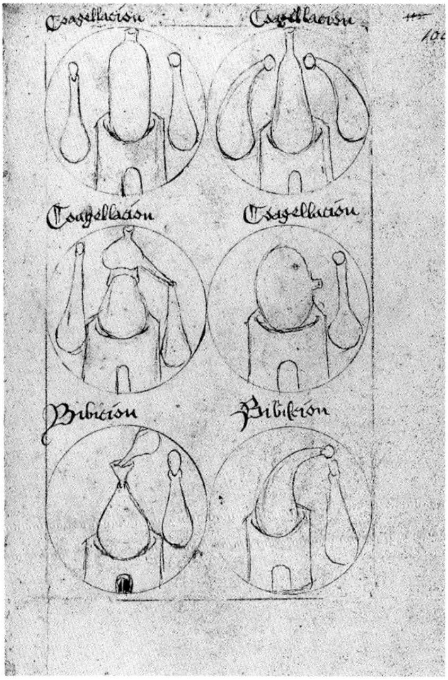

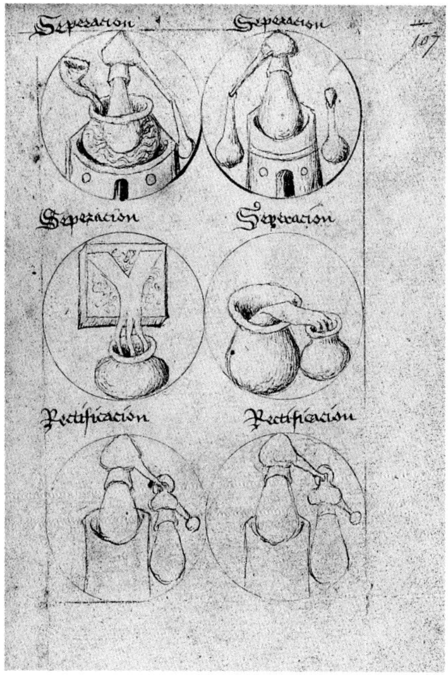
Rectificacion
Rectificacion

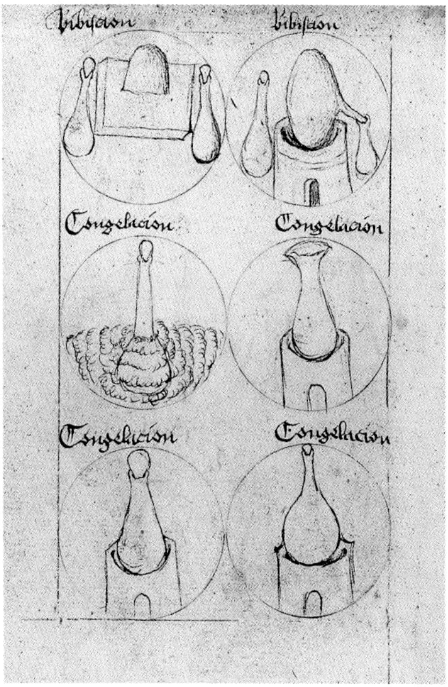
Congelacion
Congelacion
Congelacion
Congelacion

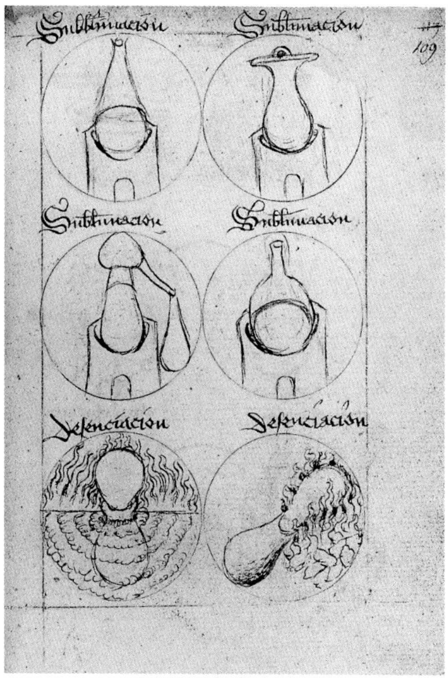
Sublimacion
Sublimacion

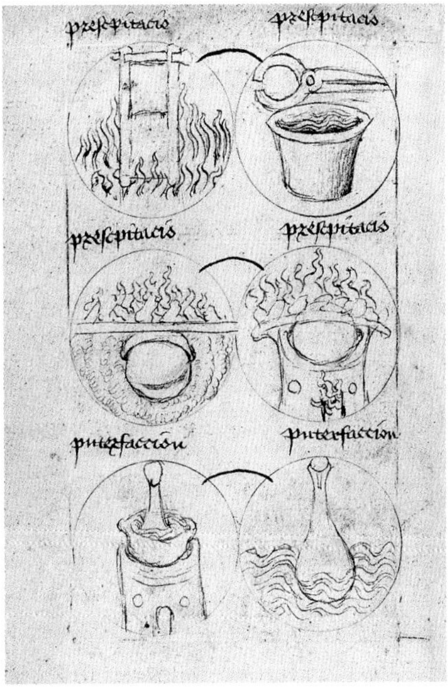

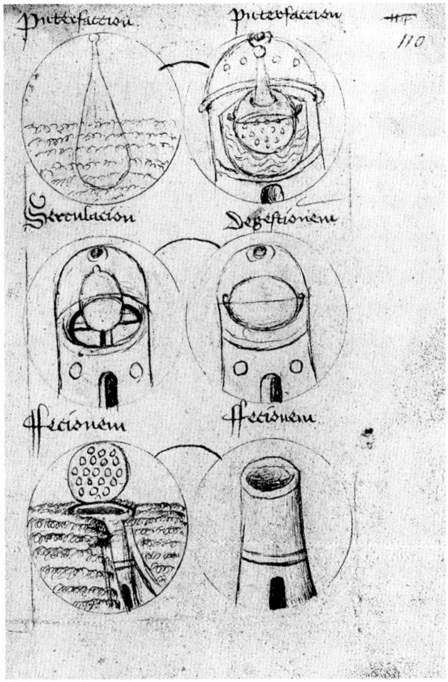

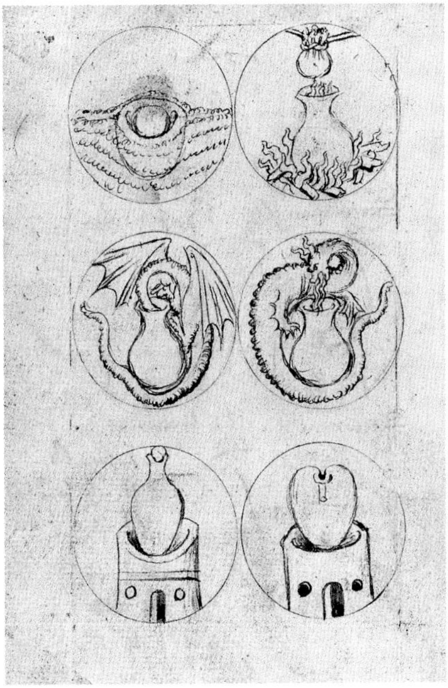

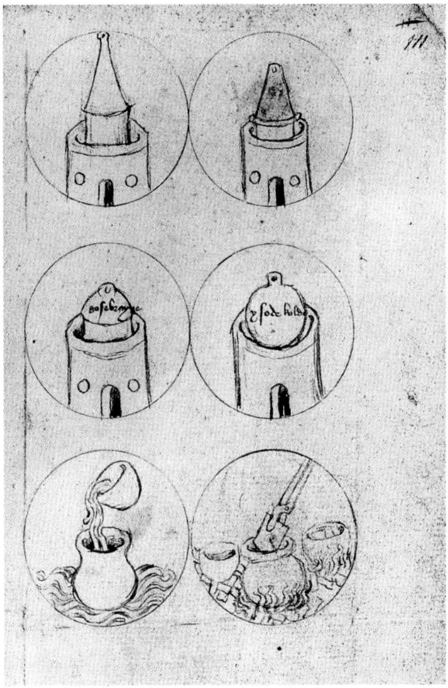

LE LANGAGE DES SYMBOLES

Les philosophes hermétiques se sont souvent servis de signes spagyriques et stéganographiques pour désigner les matières et les opérations de l'Œuvre. Par la suite, un grand nombre de ces signes fut adopté par les chimistes vulgaires pour désigner les matières vulgaires.

Beaucoup de ces signes sont bien connus, ainsi ceux des métaux correspondant aux planètes. Dans son *Dictionnaire mytho-hermétique*, Pernety cite d'autres exemples utilisant les signes du Zodiaque. Ainsi, les opérations de l'Œuvre peuvent être exprimées par les douze signes : Bélier/Calcination ; Taureau/Congélation ; Gémeaux/Fixation ; Cancer/Dissolution ; Lion/Digestion ; Vierge/Distillation ; Balance/Sublimation ; Scorpion/Séparation ; Sagittaire/Incération ; Capricorne/Fermentation ; Verseau/Multiplication ; Poissons/ Projection.

Manuscrit anonyme du XVIe siècle, Bibliothèque de la Rijksuniversiteit, Leyde, Cod. Voss. chem. q. 51, f. 1 V-3 V.

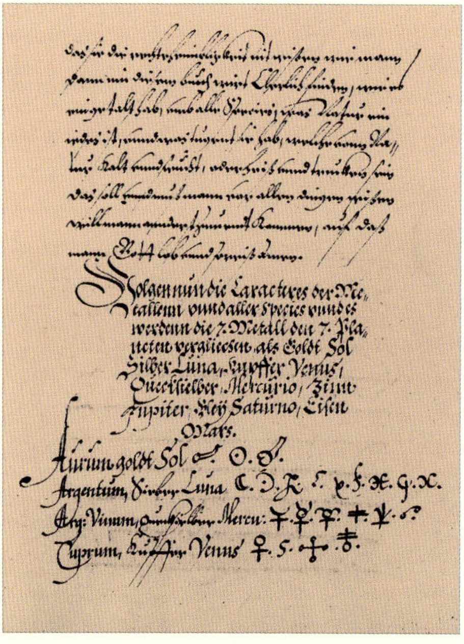
Volgen nun die Caracteres der Metallenn unnd aller Species unnd es werdenn die 7. Metall den 7. Planeten verglichenn als Goldt Sol Silber Luna, Kupffer Venus, Quecksilber Mercurio, Zinn Jupiter, Bley Saturno, Eisen Mars.

Aurum goldt Sol

Argentum, Silber Luna

Arg: Vivum, Quecksilber Mercu:

Cuprum, Kupffer Venus

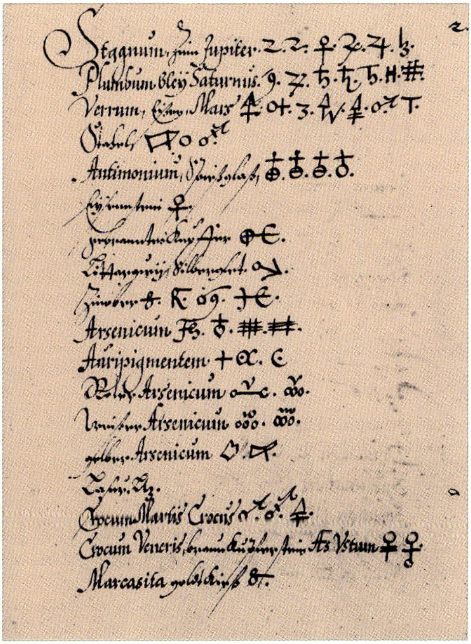
2.
Stagnum ... Jupiter
Plumbum bley Saturnus
Ferrum ... Mars
Antimonium
Arsenicum
Auripigmentum
... Arsenicum
... Arsenicum
... Arsenicum
Crocum Martis Crocus
Crocum Veneris ... Aes Ustum
Marcasita

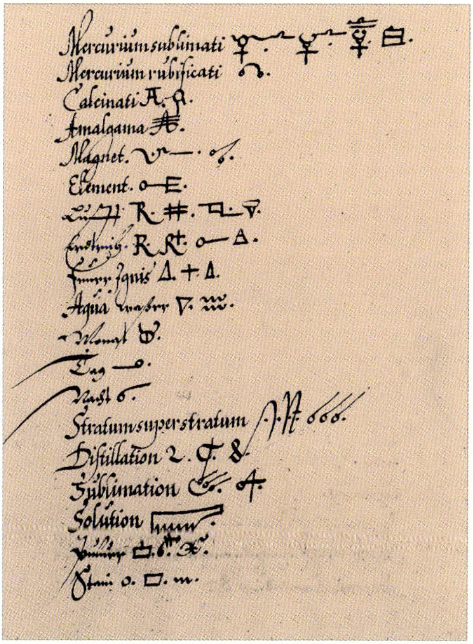
Mercurium sublimati
Mercurium rubificati
Calcinati
Amalgama
Magnet
Element
Ignis
Aqua
Stratum super stratum
Distillation
Sublimation
Solution

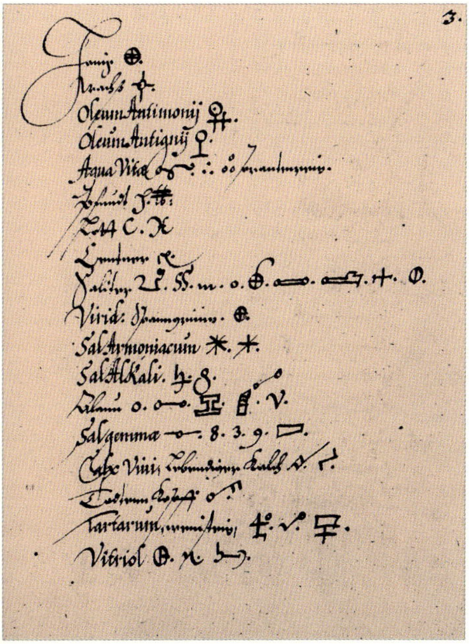
3.
Oleum Antimonij
Aqua Vitae
Viride
Sal Armoniacum
Sal Alkali
Sal gemma
Calx Vivi
Tartarum
Vitriol

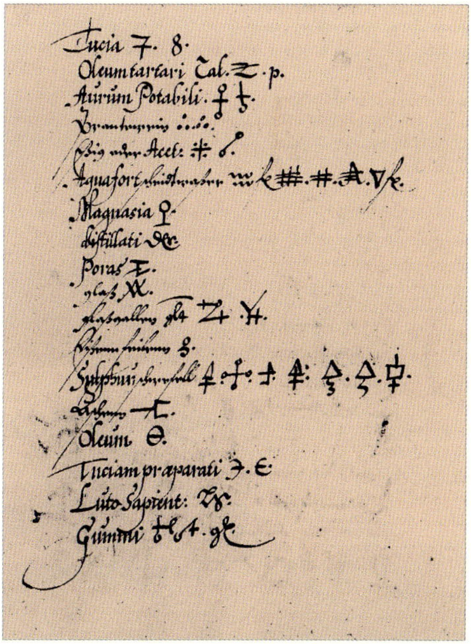
Tucia
Oleum tartari
Aurum Potabili
Aquafort
Magnasia
distillati
Boras
Sulphur
Oleum
Tuciam praeparati
Luto Sapient
Gummi

BIBLIOGRAPHIE

ALBERTUS, FRATER, *The Alchemist's Handbook: Manual for Practical Laboratory Alchemy* (éd. rév.), New York, 1974

BARBAULT, ARMAND, *L'or du millieme matin*, Paris, 1969

BARTLETT, ROBERT ALLEN, *Real Alchemy: A Primer of Practical Alchemy* 3e éd., Lake Worth, FL, 2009

COUDERT, ALLISON, *Alchemy: The Philosopher's Stone*, Boulder, CO, 1980

COX, ROBERT E., *The Elixir of Immortality: A Modern-Day Alchemist's Discovery of the Philosopher's Stone*, Rochester, VT, 2009

FABRICIUS, JOHANNES, *Alchemy: The Medieval Alchemists and their Royal Art*, Copenhague, 1976

FLAMEL, NICOLAS, ed. Laurinda Dixon, *Nicolas Flamel, his Exposition of the Hieroglyphicall Figures (1624)*, New York, 1994

GETTINGS, FRED, *Dictionary of Occult, Hermetic, and Alchemical Sigils*, Londres, 1981

GODDARD, DAVID, *The Tower of Alchemy: An Advanced Guide to the Great Work*, York Beach, ME, 1999

HAEFFNER, MARK, *The Dictionary of Alchemy: From Maria Prophetissa to Isaac Newton*, Londres, 1991

KLOSSOWSKI DE ROLA, STANISLAS, *The Golden Game: Alchemical Engravings of the Seventeenth Century*, Londres, 1988

LINDEN, STANTON J., *The Alchemy Reader: From Hermes Trismegistus to Isaac Newton*, Cambridge, 2003

MARSHALL, PETER, *The Philosopher's Stone: A Quest for the Secrets of Alchemy*, Londres, 2001

PRICE, JOHN RANDOLPH, *The Alchemist's Handbook*, Carlsbad, CA, 2000

ROOB, ALEXANDER, *Alchemy and Mysticism: The Hermetic Museum*, Londres, 1997

WAITE, ARTHUR EDWARD (trad..) *The Hermetic Museum: Containing Twenty-Two Most Celebrated Chemical Tracts* (première édition en latin 1678, en anglais 1893), Londres 2007

WAMBERG, JACOB, *Art and Alchemy*, Copenhague et Lancaster, 2005

www.alchemywebsite.com displays a wide variety of alchemical texts and images from the past five hundred years

CRÉDITS PHOTOGAPHIQUES

Numbers refer to page numbers.

a=above, c=centre, b=below, l=left, r=right

The objects and illustrations reproduced are in the following collections:

2. Altus, *Mutus Liber*, 1677, f. 2. Collection privée | **4–5.** Barent Coenders van Helpen, *Escalier des sages, ou la philosophie des anciens*, 1689, f. 87. Collection privée | **7.** *De Alchimia*, XVIe s., Bibliotheek der Rijksuniversiteit, Leiden, Cod. Voss. Chem. F. 29, f. 73 | **8.** *De Alchimia*, XVIe s., Bibliotheek der Rijksuniversiteit, Leiden, Cod. Voss. Chem. F. 29, f. 78 | **9.** *Turba philosophorum*, XVIe s., Bibliothèque Nationale, Paris, MS lat. 7171, f. 16 | **10.** Arnold of Villanova, *Rosarium philosophorum*, XVIe s., Stadtbibliothek Vadiana, St Gallen, MS 394 a, f. 97 | 11. Nicola d'Antonio degli Agli, 1480. Biblioteca Apostolica Vaticana, Cod. Urb. Lat. 899, f. 99 | **13.** *Aurora consurgens*, fin XIVe s., Zentralbibliothek, Zurich, Cod. Rhenovacensis 172, f. 3 | **14.** Anon., XVe s., Biblioteca Apostolica Vaticana, Cod. Pal. Lat. 1066, f. 230v | **16.** *Aurora consurgens*, fin XIVe s., Zentralbibliothek, Zurich, Cod. Rhenovacensis 172, page de garde | **17.** *Speculum Veritatis*, 17th c. Biblioteca Apostolica Vaticana, Cod. Lat. 7286, f. 6 | **19.** Anon., XIVe s., Biblioteca Medicea-Laurenziana, Florence, MS Ashburn 1166, f. 16 | **20.** *Speculum Veritatis*, XVIIe s., Biblioteca Apostolica Vaticana, Cod. Lat. 7286, f. 2 | **21.** *Speculum Veritatis*, XVIIe s., Biblioteca Apostolica Vaticana, Cod. Lat. 7286, f. 3 | **22.** *Speculum Veritatis*, XVIIe s., Biblioteca Apostolica Vaticana, Cod. Lat. 7286, f. 8 | **23.** *Speculum Veritatis*, XVIIe s., Biblioteca Apostolica Vaticana, Cod. Lat. 7286, f. 4 | **24.** Anon., XVe s., Biblioteca Apostolica Vaticana, Cod. Pal. Lat. 1066, f. 223 | **25.** *Speculum Veritatis*, XVIIe s., Biblioteca Apostolica Vaticana, Cod. Lat. 7286, f. 5 | **26.** *Speculum Veritatis*, XVIIe s., Biblioteca Apostolica Vaticana, Cod. Lat. 7286, f. 9 | **27.** Johannes Andreae, XVe s., British Library, Londres, Sloane MS 2560 f. 14 | **28.** *Speculum Veritatis*, XVIIe s., Biblioteca Apostolica Vaticana, Cod. Lat. 7286, f. 11 | **29 a.** *Speculum Veritatis*, XVIIe s., Biblioteca Apostolica Vaticana, Cod. Lat. 7286, f. 12 | **29 b.** *Speculum Veritatis*, XVIIe s., Biblioteca Apostolica Vaticana, Cod. Lat. 7286, f. 13 | **30.** Nicola d'Antonio degli Agli, 1480. Biblioteca Apostolica Vaticana, Cod. Urb. Lat. 899, f. 106v. | **31.** Nicola d'Antonio degli Agli, 1480. Biblioteca Apostolica Vaticana, Cod. Urb. Lat. 899, f. 91. | **32.** *Rosarium philosophorum*, XVIe s., Stadtbibliothek Vadiana, St Gallen, MS 394 a, f. 34 | **35.** Anon., XVe s., Biblioteca Apostolica Vaticana, Cod. Pal. Lat. 1066, f. 239 | **36.** Nicola d'Antonio degli Agli, 1480. Biblioteca Apostolica Vaticana, Cod. Urb. Lat. 899, f. 98v | **39.** Copy of *Synosius* by Theodoros Pelecanos, 1478. Bibliothèque Nationale, Paris, MS Grec 2327, f. 297 | **40.** Johannes Andreae, XVe s., British Library, Londres, Sloane MS 2560 f. 15 | **41 l.** Johannes Andreae, XVe s., British Library, Londres, Sloane MS 2560 f. 5 | **41 r.** *Sapientia veterum philosophorum sive doctrina eorundem de summa et universali medicina*, XVIIIe s., Bibliothèque de l'Arsenal, Paris, MS 974 fig. xxxvii | **43.** *Rosarium philosophorum*,XVIe s., Stadtbibliothek Vadiana, St Gallen, MS 394 a, f. 64 | **45.** *Speculum Veritatis*, XVIIe s., Biblioteca Apostolica Vaticana, Cod. Lat. 7286, f. 10 | **46.** *Aurora consurgens*, fin XIVe s., Zentralbibliothek, Zurich, Cod. Rhenovacensis 172, f. 36 | **47.** *Sapientia veterum philosophorum sive doctrina eorundem de summa et universali medicina*, XVIIIe s., Bibliothèque de l'Arsenal, Paris, MS 974 fig. xxxviii | **49.** *Aurora consurgens*, fin XIVe s., Zentralbibliothek, Zurich, Cod. Rhenovacensis 172, page de garde | **50.** Salomon Trismosin, *Splendor solis*, XVIe s., British Library, Londres, Harley MS 3469, f. 15 | **52.** Nicola d'Antonio degli Agli, 1480. Biblioteca Apostolica Vaticana, Cod. Urb. Lat. 899, f. 110v | **53.** *Solidonius*, XVe sièiiicle, Bibliothèque de l'Arsenal, Paris, MS 973 f. 12 | **54.** Anon., XVe s., Biblioteca Apostolica Vaticana, Cod. Pal. Lat. 1066, f. 226 | **55.** Anon., XVe s., Biblioteca Apostolica Vaticana, Cod. Pal. Lat. 1066, f. 221 | **56.** Anon., XIVe s., Biblioteca Medicea-Laurenziana, Florence, MS Ashburn 1166, f. 18 | **58.** Arnold of Villanova, *Rosarium philosophorum*, XVIe s., Stadtbibliothek Vadiana, St Gallen, MS 394 a, f. 92 | **59.** *De Alchimia*, XVIe s., Bibliotheek der Rijksuniversiteit, Leiden, Cod. Voss. Chem. F. 29, f. 89 | **61.** Anon., XVe s., Biblioteca Apostolica Vaticana, Cod. Pal. Lat. 1066, f. 224v | **62.** Anon., XVe s., Biblioteca Apostolica Vaticana, Cod. Pal. Lat. 1066, f. 227 | **65.** Anon., XVe s., Biblioteca Apostolica Vaticana, Cod. Pal. Lat. 1066, f. 218 | **66.** Nicola d'Antonio degli Agli, 1480, Biblioteca Apostolica Vaticana, Cod. Urb. Lat. 899, f. 99 | **69.** John Dastin, *De erroribus*, XVe s., British Library, Londres, Egerton MS 845, f. 17v | **71.** *Speculum Veritatis*, XVIIe s., Biblioteca Apostolica Vaticana, Cod. Lat. 7286, f. 7 | **72.** Détail d'une version de *Ripley Scrowle* [Rouleau de Ripley] par James Standysh, XVIe s., British Library, Londres, MS Add 32621. | **74.** Cornelius Petraeus, *Sylva philosophorum*, XVIIe s., Bibliotheek der Rijksuniversiteit, Leiden, Cod. Voss. Chem. Q. 61, f. 2 | **75.** Cornelius Petraeus, *Sylva philosophorum*, XVIIe s., Bibliotheek der Rijksuniversiteit, Leiden, Cod. Voss. Chem. Q. 61, f. 3 | **76.** Anon., XIVe s., Biblioteca Medicea-Laurenziana, Florence, MS Ashburn 1166, f. 17v | **78.** Johannes Andreae, XVe s., British Library, Londres, Sloane MS 2560 f. 6 | **79.** Johannes Andreae, XVe s., British Library, Londres, Sloane MS 2560 f. 7 | **80–81.** *Aurora consurgens*, fin XIVe s., Zentralbibliothek, Zurich, Cod. Rhenovacensis 172, f. 10 | **83.** *Pretiosissimum Donum Dei [per] Georgium Anrach*, XVIIe s., Bibliothèque de l'Arsenal, Paris, MS 975, f. 13 | **84.** *Pretiosissimum Donum Dei [per] Georgium Anrach*, XVIIe s., Bibliothèque de l'Arsenal, Paris, MS 975, f. 14 | **86.** Anon., XVe s.,Biblioteca Apostolica Vaticana, Cod. Pal. Lat. 1066, f. 218v | **87.** Anon., XVe s., Biblioteca Apostolica Vaticana, Cod. Pal. Lat. 1066, f. 222v | **88.** *De Sphaera*, XVe s.,Biblioteca Estense, Modena, MS Lat. 209 | **89.** *De Sphaera*, XVe s., Biblioteca Estense, Modena, MS Lat. 209 | **91.** Salomon Trismosin, *La Toyson d'or*, XVIIIe s.,Bibliothèque Nationale, Paris, MS Français 12.297, f. 14 | **94–105.** Johann Daniel Mylius, *Philosophia reformata*, Lucas Jennis, Frankfurt, 1622. British Museum, Londres (Incunables) 1033.l.7, Livre I, Page titre et p.96, 107, 117, 126, 167, 190, 216, 224, 243, 262, 281, 300, 316, 354, 359, Book 2 p. 1, Book 1 p. 361 | **106–115.** *Sapientia veterum philosophorum sive doctrina eorundem de summa et universali medicina*, XVIIIe s., Bibliothèque de l'Arsenal, Paris, MS 974 fig. i-xxxvi, xxxix, xl | **116–117.** Joahnnes Andreae, XVe s., British Library, Londres, Sloane MS 2560, ff. 8-13 | **118–120.** Cornelius Petraeus, *Sylva philosophorum*, XVIIe s., Bibliotheek der Rijksuniversiteit, Leiden, Cod. Voss. Chem. Q. 61, ff. 1, 4-12 | 121-123. Anon., XVe s., British Library, Londres, Harley MS 2407, ff. 106v-111 | **124–125.** Anon, 16th c. Bibliotheek der Rijksuniversiteit, Leiden, Cod. Voss. Chem. Q. 51, ff. 1v–3v